向外土司学外贸 ❷

营销可以这样做

外土司 ◎ 著

DO FOREIGN TRADE
MARKETING JUST LIKE ROY

中国海关出版社有限公司
·北京·

图书在版编目（CIP）数据

向外土司学外贸. 2 / 外土司著. —北京：中国海关出版社，2018.2
 ISBN 978-7-5175-0247-0

Ⅰ.①向… Ⅱ.①外… Ⅲ.①对外贸易－基本知识 Ⅳ.①F75

中国版本图书馆 CIP 数据核字（2017）第 302749 号

向外土司学外贸2：营销可以这样做
XIANG WAITUSI XUE WAIMAO 2：YINGXIAO KEYI ZHEYANG ZUO

作　　者：外土司	
策划编辑：郭　坤	
责任编辑：郭　坤	
责任监制：王岫岩　赵　宇	
出版发行：中国海关出版社有限公司	
社　　址：北京市朝阳区东四环南路甲 1 号	邮政编码：100023
网　　址：www.hgcbs.com.cn；www.hgbookvip.com	
编辑部：01065194242 - 7585（电话）	01065194234（传真）
发行部：01065194221/38/46/27（电话）	01065194233（传真）
社办书店：01065195616/5127（电话/传真）	01065194262/63（邮购电话）
印　　刷：北京新华印刷有限公司	经　　销：新华书店
开　　本：710mm×1000mm　1/16	
印　　张：11.5	字　　数：179 千字
版　　次：2018 年 2 月第 1 版	
印　　次：2022 年 1 月第 7 次印刷	
书　　号：ISBN 978-7-5175-0247-0	
定　　价：55.00 元	

海关版图书，版权所有，侵权必究
海关版图书，印装错误可随时退换

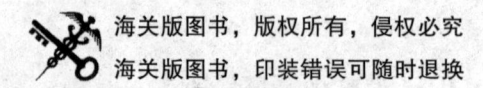

前言
PREFACE

  2015年11月，我收到中国海关出版社郭坤编辑的微信留言，问我有没有兴趣出一本书，一本关于外贸的书，以此把自己十几年的外贸经验分享给更多的人。当时，我刚在个人微信公众号上分享了第20篇文章，粉丝刚刚过了1万。我觉得时机尚不成熟，于是，拒绝了。

  一转眼，一年多的时间过去了。我的微信公众号上分享的关于外贸的原创文章1 300多篇，累计阅读量超过了8 000万，公众号上的外贸粉丝也超过了20万，一跃成了中国最大的外贸公众分享平台之一，得到了很多土友（外土司的"粉丝"们，本书中统称"土友"）的认可。

  2017年5月25日我开启了三门线下培训课："新外贸业务冠军""社交营销冠军""新阿里巴巴运营冠军"，在短短的半年时间里，我在全国连开了20场培训，场场爆满，也创造了中国外贸史上的记录。这里要感谢每一个土友的关注和认可。你们的支持和鼓励，是我一直分享的动力。

  期间，郭坤编辑也一直在关注我，并不时地给我一些出书的建议和鼓励，希望我能把精华的文章和经验进行整理和分享，让更多的外贸人学习和受益。多亏了她的坚持，让我下定决心来出这两本书：《向外土司学外贸1：业务可以这样做》《向外土司学外贸2：营销可以这样做》。两本书为姊妹篇，《向外土司学外贸1：业务可以这样做》主要介绍外贸行业入行必备素养，以及外贸业务实操过程中成交客户的独家技巧；《向外土司学外贸2：营销可以这样做》主要介绍传统的展会营销，以及当下热门的社交媒体营销、谷歌SEO和阿里巴巴的运营。广大读者可以根据自己的需要进行阅读学习。

  这两本书记录了我十几年外贸生涯积累的经验，这些经历让我从万千外贸业务员的竞争中脱颖而出，实现财务自由。如果你打算从事外贸或跨境电商行业，或者你正在从事外贸或跨境电商行业，建议你一定要读一读这两本书，它们一定不会让你失望。

它们与之前的任何外贸书籍都不同，呈现了不同的外贸思维方式，不同的外贸技巧和方法，不同的外贸实战案例，不同的有趣而又成功的外贸故事，最重要的是，一个如此与众不同的做外贸的我，还有一个，即将变成如此不同的做外贸的你。

《向外土司学外贸1：业务可以这样做》是一本专业、实用且有趣的书。从做外贸的基本要求，到做外贸要了解的事；从询盘分析和邮件回复，到客户开发和管理；从客户维护和跟进，到客户的拜访和谈判，等等，所有的经验和故事，我都以轻松而独特的方式娓娓道来。

所以，请静下来，慢慢地读，就像对待一个老朋友一般，就像读一本有趣的小说一般，就像听一首温婉的歌曲一般享受这些文字，你也一定会大有收获。

有时间，就看我的书；有问题，就给我的个人微信留言。

相信我，不会错。

我是外土司。

爱外贸，做自己！

2017 年 12 月 19 日于宁波

目录
CONTENTS

第一章 展会那些事儿

Part 1　参展，做到这些你就可以脱颖而出 // 003
Part 2　展会没摊位，照样拿下"300＋"客户 // 006
Part 3　展会客户什么时候联系最好？当然是现在 // 010
Part 4　展会客户第一封邮件要这样写 // 013
Part 5　展会客户如何快速跟进和成交 // 019

第二章 社交媒体营销那些事儿

Part 1　社交网站是这么营销的 // 025
Part 2　社交媒体营销，从玩转 Facebook 开始 // 027
Part 3　Facebook 社交媒体营销，学会展示还要学会表达 // 035
Part 4　玩转 LinkedIn 社交媒体营销，一开始要这样 // 039
Part 5　LinkedIn 营销装修秘籍，简约而不简单 // 044
Part 6　不会写 Summary，做什么 LinkedIn // 049
Part 7　LinkedIn 社交媒体营销，一见钟情的技巧 // 053
Part 8　LinkedIn 社交媒体营销，如何搞定公司主页 // 058
Part 9　关于 LinkedIn 社交媒体营销，这些秘密你要知道 // 064
Part 10　改版后的 LinkedIn 一定要看懂 // 071

第三章 谷歌SEO那些事儿

Part 1　谷歌 SEO，只是看上去比较美 // 083
Part 2　外贸天下，从谷歌地图和翻译开始 // 085
Part 3　谷歌客户开发之遁图神技 // 092
Part 4　谷歌客户开发之图中图神技 // 098

第四章 阿里巴巴运营那些事儿

Part 1　未来五年阿里巴巴要这么玩，认真看 // 109
Part 2　还要不要用阿里巴巴营销 // 112
Part 3　要不要走一达通 // 116
Part 4　一达通真的越强越好吗 // 119
Part 5　要不要做阿里巴巴代运营 // 123
Part 6　谁偷走了你的询盘 // 126
Part 7　如何获得更多的 RFQ 报价权限 // 129
Part 8　RFQ 开始对卖家收费了 // 132
Part 9　RFQ 商业化对卖家的巨大影响 // 137
Part 10　结算宝，不看不知道，一看吓一跳 // 140
Part 11　锁定汇率的利器——锁汇宝 // 144
Part 12　选对类目的 6 种方法和 7 个注意事项 // 148
Part 13　阿里巴巴深挖客户大法 // 153
Part 14　如何做一张能诱惑客户的图 // 163
Part 15　只要两步，阿里巴巴账号就会被盗走 // 168

第一章
展会那些事儿

Part 1　参展，做到这些你就可以脱颖而出

每次展会季，身边的很多人都要参展，国内的业务员、国外的采购员，辛辛苦苦、忙忙碌碌，总希望有个好"收成"。今天，谈一谈展会中特别需要做到的一些事。做到这些事，基本上你就可以脱颖而出了。因为，实在有很少人可以做到。

这也是我们公司，包括我本人这些年参展一定要求业务员做到的事情。因为很多时候，与同行竞争的关键点就在于细节做得是否专业！

一、能站着就不坐着

有人认为参展好累，不需要站着。如果你想一想自己的终极目的，大概就能理解了。你大老远跑来参展，费钱、费时、费力图什么？不就是为了展示自己和公司的专业形象，给客户留下良好的第一印象，让他对你比对同行更有信心吗！

产品当然很重要，但是更重要的是人。

有时，你也会作为观众或客户去逛其他的展位。如果你走到一个摊位前，看到一堆人都坐在那里，无精打采地瞄你两眼，会是什么感觉？我告诉你，除了闲逛的无关人士，专业的客户只会对此有两个印象：他对你没有兴趣，他对自己没有信心。

被反复提及的精神面貌和专业性，这些都体现在哪里？就体现在你的一言一行、一动一静上。比起产品和形象，积极主动的精神状态更能吸引人、打动人。

客户不远万里跑来，在两三天内要逛遍整个展馆，不比我们轻松。为了找到最适合的供应商，了解更多的产品和市场，拿到更好的价格，客户都是很拼命的。何况，人家还要拖着行李，扛着样品一家家地走。其实，客户比我们还辛苦，还要累。想想这些，你还有什么不能克服的。参展一般也就三天，实际只有两天半。朝九晚五，一天八小时，去掉吃饭休息，轮换闲逛，能有几个小时？一定要坚持！

二、眼观六路，耳听八方

参展的时候反应一定要快，你反应不快，就会错失机会；你反应不快，也一定要练出来。

看到客户过来你就要做好准备，他瞄你的样品两眼，你就要马上迎上去，一定要面带微笑。单开口的展位还好，双开口或三开口的展位就对站位有要求了，因为客户可能从不同方向进来。随着人数不同，站位也要相应变化。

（一）一人站位式

一个人，一定要站在距离背板稍前点的位置，面朝开口背对背板。即使有客户来询问，也要把他引到这个位置，保证洽谈的时候你能把控整个展位的情况。进可"攻"客户，退可"防"小偷。

（二）两人站位式

两个人，就可以采用对称斜站位，互相可以提醒对方身边过来的客户，第一时间做出反应。两人可以轮换休息，当一人休息时，另一个人可换成一人站位式。

（三）三人站位式

三个人，有一个人就可以轮换着坐着休息了，或洽谈，或处理事情。

反正无论如何，不能有视觉死角。这就是要站着的原因，你不站着，你的反应不可能快。

三、别玩手机

每次逛展会，我特别讨厌低头玩手机的人。有些摊位老板玩，业务员不玩；有些摊位一群人全都玩，我非常受不了这个。公司员工的专业度和自律性太差。你是想传递你很忙，没空理客户的信号呢？还是想传递你生意很差，没人对你的产品有兴趣的信号？

玩手机真的很影响气场，而且很影响士气和财运。花几万元甚至十几万元人民币到展会上玩手机，不合适。

更要命的是，有些老板自己也玩得不亦乐乎。若你是老板，更要自律，千万别在展位上玩手机，以免影响客户体验。

四、来者都是客

来者都是客，请保持耐心！

这一点我想说的是，对所有人要无差别对待。这是一种非常重要的心理状态。参展的时候，我们总会遇到很多不是客户的人。来闲逛的观众、实习的学生、打探消息的竞争对手、打扫卫生的阿姨、推销的人，等等。虽然他们不是客户，但是他们也是展会的一部分。有些是为我们服务的，有些是凑热闹的，来者都是客，比没人来摊位上好。

为什么这么说呢？因为客户喜欢热闹的摊位。我们需要的是一种氛围和气场，以此来吸引真正的客户。因为客户并不会判断谁是客户，谁不是客户。他路过你的摊位，看到一群人围着，就会吸引他走进来看一看。这是一种心理暗示。

这就是很多大品牌要搞走秀、抽奖等活动的原因，相关的、不相关的人，只要停留，就算活动成功。哪怕是竞争对手也没关系，要欢迎同行来摊位上交流。大家聊一聊，交换下看法，也没什么不好。

这世上，生意是做不完的，并非就是有你没他，有他没你。竞争对手不止一家，做好自己的就可以了，没必要给自己树立那么多的假想敌。试着像对待客户一样对待所有人，这也是一种能力。

五、老板一定要以身作则

这点尤其重要，上梁不正下梁歪。

若你是老板或负责人，一定要以身作则，这样效果才最好。你不要觉得自己是老板，就一副高高在上的样子。

参展不只是业务员的事情，是整个团队的事情，尤其是老板的事情。

如果你是老板，你就要身先士卒，冲在前面，给其他人做好榜样。如果老板都可以这么努力，员工们还有什么理由不拼命。

如果你是后勤部长。你就做好支持工作，帮助业务员们冲锋陷阵。给客户们端茶、倒水、拉坐椅，帮业务员们买饭、端菜，需要的时候及时上去解疑、做决策。

客户知道你是老板会为你的敬业竖大拇指。业务员们看在眼里，也会记在心里。最后，我还是要再提醒你一句。参展，大部分花的是你的钱。看在钱的分上，你也要拼一把。

参展时要注意的东西还有很多，无法一次说完。不过按我们一直以来参展的经验，如果你的团队做到了以上五项，效果肯定会比竞争对手好很多。因为很多时候产品是不会说话的，传递信息的主要是人。

更何况，面对竞争，大部分产品的差异性很小，这个时候，团队的专业度和精神面貌就变成主要的竞争力了。

Part 2　展会没摊位，照样拿下"300 +"客户

土友提问：

土司老师，我们公司没有拿到香港灯饰展的展位，但是老板要求我们去发资料，并且一天要拿到 30 张客户名片。我们公司的产品比较普通，没有什么特色，有什么方法能要到客户的名片？

一些老业务员，可能还记得十多年前广交会的盛况。那时候一位难求，很多豪气的老板带着业务员直接"杀"进场馆，扛着样本和产品找客户、发名片、拿订单。那气势可谓"惊天地，泣鬼神"，硬是打下了一片新天地。可惜，土司我当年还太稚嫩，脸皮太薄，最终错失了许多机会。

言归正传，如果没有摊位，我们能不能顺利地拿到客户的名片，开发到客户？答案是，可以。

下面是我给这个土友的解决方案。

既然公司安排了，不管难易对错，我们都要百分百执行，而且要努力做到最好。何况开发客户本就是业务员分内的事情，名片拿到、谈成订单你可以赚到提成。哪怕没做成，努力一场，历练一次，也不后悔。

这样一说，你是不是觉得这不是个难事。

一、守住进出大门

主会馆大门太大了，我们只要守分展馆，也就是同类产品的展示场馆就可以了。

一般分展馆主要有两个进出大门，不会开很多，每个大门都有安保执勤。我们要选靠近主会馆大门那个门，客户从主会馆大门出来，一般都从近的门口进来，出去的时候也大体相同。

进出大门的人很多，哪些是参展商，哪些是供应商，哪些是服务人员，你根据身份牌大致都能判断出来。拿好你的样本和名片，认准了就去搭讪、交流。

（1）站的位置选择稍靠外面一点。不要和发酒店服务、杂志、订餐之类的人在一起，你会瞬间被埋没，客户也没时间反应和判断你是谁。

站得靠外面一点还有一个好处，就是可以跟随客户走上一小段距离，你想要展示的产品刚好可以展示完。

（2）最好团队作战。刚开馆的时候，客户一下子涌进来，会有很多人，一起守一个门就可以了。时间大致分两段，上午9~10点，下午1~2点。

（3）穿的稍微正式点。女士要穿出自己的亮点，男士要让人看了舒服且有信任感。别穿太正式也别统一服装，一群人穿着职业装给人呆板的感觉，休闲里透着点正式最好。

二、守住竞争对手

这个方法说起来有点不仗义，但是效果最好也最直接。直接在竞争对手摊位附近守护、游逛，看准客户进了对方摊位，等他出来就和他交谈，对他营销，基本错不了。

（1）参展的时候同类竞争对手的展位基本都比较集中，这块区域就是重点，不需要范围布得太大。

（2）如果你是单枪匹马，或觉得区域太大不好掌控，就直接选择1到2个竞争对手摊位守着。每个行业都有领头的企业，你就挑和你产品、价格最接近的竞争对手摊位，或者实力高些的。人家拿多少名片，基本你也能拿多少。

（3）搭讪的时候选择离竞争对手展位稍微远一点的地方，如果客户一出来，你直接堵在他们的摊位门口营销，一般人都忍受不了。

（4）如果你有团队的话彼此还可以配合，选择一段长的通道，一人一头，客户出来往你那边走，你上；往我这边走，我上，尽量不错过机会。

（5）守竞争对手的时间可以和守大门的时间错开，大门守好后刚好直接守这个。安排紧凑，一点不浪费。

关于竞争，我的看法是不必拘泥太多。竞争本就是开放的，客户不在你的摊位，就在他的摊位。除了展会，客户还会在网上找供应商，互联网也完全是开放的，没有谁抢了谁的客户之说。你要这么想就不会觉得不好意思了。

三、守住厕所

有人说厕所有什么好守的，多丢人。我先不和你说丢不丢人的问题，我和你说效果的问题。

每次去参展，我都会特别留意厕所位置的摊位。不贵不说，曝光率还特别高，如果厕所附近有出入口的话，那就更完美了。当然，如果是大公司的话，就别选这个地方了，还是要选择中间的位置。

为什么曝光率高，这个大家都知道。无论客户也好，参展商也罢，总要上洗手间，而且一天还不止一次。客户逛着逛着会到这里来，参展商就更不用说了，要知道很多参展商说不定就是你的客户。

（1）方法和守护大门类似，距离控制好，别堵在门口，也别离得太远。

（2）不要在人家进去的时候搭讪，你给名片、样本人家也没法拿啊，要等人家出来之后打扰。

（3）如果你不想长期守，也可以守某些集中的时间段。比如你早上上班后大概多久想去洗手间？

（4）必要时准备一些纸巾也是很棒的主意，出来的时候顺手递给潜在客户，顺便聊两句。

这里再给你出个主意，见过KFC（肯德基）那种方纸巾吧，两片就一小包的那种。其实是可以在外包装上印广告的，印上你的 LOGO、联系方式和主打产品，顺势营销。

四、守住用餐区

相对于守住竞争对手摊位、大门和厕所，守用餐区这个方法精准度要差些。

（1）如果你的客户是老外，就别去中餐店那边了。去 Burger King（汉堡王）、咖啡厅那些老外吃饭的地方。

（2）吃饭的时候别去打扰人家，在餐厅外面有一些木凳，吃完饭很多人都在那里休息。

（3）当然，带有广告的纸巾依旧是个不错的搭讪由头。

五、其他注意事项

（1）不要不好意思。凭自己的努力和智慧赚钱，不偷不抢不坑不骗，没什么不好意思。

（2）不要怕辛苦。吃得苦中苦，方为人上人。你想成为人上人，不比别人多吃点苦怎么成功？老板给你创造机会，你就要多出点力气。

（3）不要怕被拒绝，被拒绝不等于你失败了。我们发邮件被拒绝的还不够多吗，怎么面对面就受不了了。都说成功只有 1% 的概率，那剩下的 99% 都是失败。相信我，如果你尝试了 100 个人，绝对不可能只收到 1 张名片，付出总会有收获的。

（4）做好预案。去之前就先讨论好具体实施方案和目标。哪些人去、怎么分工、注意细节、怎么培训、具体的目标，等等。大家心里都有数了，这事才能有条不紊地进行。

（5）团队合作。如果公司是团队去的，那务必做好分工，互相协作。比如说你的产品技术性比较强，那带个技术人员去，他的任务就是随时待命等你们召唤。一旦客户需要技术沟通，一个电话过去，技术人员立马赶到，当场解决。若有老板坐镇的话，有些价格之类的敏感问题，可当场解决。

还有一点，我特别想说，就是态度。很多时候技巧和方法不能解决的事情，态度是可以解决的。

我举个例子：

前几天我办了张招行信用卡，我很多年没办信用卡了，都不记得有多少"扫楼"的银行工作人员被我拒绝过，偏偏那天就办给了一个刚毕业的女生。那天下午六点多，大部分人都下班了，办公室就我和另外一个同事，进来一个女孩子推销信用卡。我第一个念头是"哎，现在还有人'扫楼'啊"。紧接着第二个念头是"这么晚还有人'扫楼'啊"。我当场拒绝了。

等到我 7 点半下楼，在电梯里又遇见了她。她一进来就问要办信用卡吗？说实在的，有两点出乎了我意料。第一，六点半到七点半她竟然还在"扫楼"；第二，我已经明确拒绝了她一次，结果她还是没有放弃。我有点感动，向她要了张名片，第二天就给她打了电话让她来办卡。

你说她有什么技巧吗？没有。可是她的态度感动了我，人心都是肉长的，这样的行为还是要支持一下的！

很多事情，态度可以解决，技巧永远不能。

按这些方法去做，不要说找到 30 个客户的名片，一个团队 300 个客户的名片都可以找到。

Part 3 展会客户什么时候联系最好？当然是现在

每到展会季的时候，都会有很多人向我咨询展会的事情。做外贸的，到了展会季说没有参展，总会有些不好意思。比如同学会问，你去参展了吗？比如前同事会问，你去参展了吗？比如老妈也会问，你去参展了吗？

那么，什么样的公司适合去参展呢？怎么参展效果才好呢？

关于展会，可以分享的东西很多。展会客户开发营销系统包括三个阶段：

（1）展会客户什么时间联系最好；

（2）第一封邮件该怎么写；

（3）后续如何系统跟进。

有一个土友和我说，她参加完法兰克福汽配展回来一个星期后给客户发邮件，结果回复率很低，当时很多现场觉得有潜力的客户也很少回复，她不知道什么原因。

还有一个土友说，他参加完拉斯维加斯一个展会，回国后实在太忙了，过了两个月后开始联系客户，结果效果也很差。他问我有什么办法没有。我狠狠地骂了他一顿。他拿到客户名片后，竟然隔了两个月去联系。这是去参展找客户吗？打铁要趁热啊！

很多人说展会结束后的一两天联系客户最好。有人说回国回公司后联系客户最好。因为客户也要休息啊，也要回家啊，也还有周末啊。那我告诉你，展会当天联系客户才是最好的！

为什么说当天联系客户最好。因为这里涉及一连串的系统营销安排。包括当天的印象延续、记忆的唤起和强化，服务体验度的植入和提升，第一封邮件标题和内容的营销，后续跟进邮件的安排，等等。任何单一点的考量都是不专业的。

有人说主要考虑的是当天的时效性，如果只考虑这点而没有后续系统的营销方案，即使把握住了时效性也是没用的。什么叫当天的印象延续、记忆的唤起和强化？直白点，就是客户对当天拜访的供应商，谈过的项目和事项的印象延伸，这里也包括了记忆的唤起部分。

我们都知道，时间间隔越久，人对某一件事、某一个人的印象和记忆就会减弱，而且是间隔时间越久记忆会成倍数减弱，直至没有印象。这个时间并不长，特别是在短时间信息量很大的情况下。

客户参加展会的印象和体验，其实和你自己去逛展会的感觉是一样的。最后一天，你去逛逛展馆，转一圈下来几乎都不记得看了什么。

为什么？因为信息量实在太大了，你的大脑根本就处理不过来。所以这个时候最好的办法就是，现场用笔记本和相机把自己感兴趣的内容记录下来，等回去后再整理、记忆和分辨。

我们回去会做这样的事情，可能客户回去也是一样的。所以当天就联系客户，重新唤起客户的印象，强化客户对你这家供应商和你这个人的记忆就尤其重要。这就是当天的印象延续、记忆的唤起和强化。

什么叫服务体验度的植入和提升？在当天就联系客户，除了能达到在最短的时间内延续客户对你的印象，唤起和强化客户对你的记忆外，还会增加一个额外效应，那就是服务体验度的植入和提升。

什么是服务体验度？其实就是好感，也可以说是认同感。

专业的人做专业的事。真正的客户和我们是一样的，花费时间、精力和金钱来展会都有他的目的，都希望尽快达到他的目标。所以与之对应的，我们也要选择服务的最短路径来满足他的要求。

在时间上，最短的路径是什么？就是当天，就叫当下。你在最短的时间内和他联系确认，自然体验度就高。要理解这个感觉不难，你在网上买个东西，希望什么时间收到。当然是马上最好，或者当天最好。

这里还有个误区需要提醒一下大家。

很多客户是专门来参观展会，看完就直接回去了，没有顺便旅游这回事。客户往往会比你更早进入工作状态，或者说一直处于工作状态。

人都是喜欢被重视的。当天联系会让客户产生好感。

举个很简单的例子，你参加完一个展会，后面陆续收到很多客户的邮件，你会对哪一封邮件最有好感？当然是对收到的第一个客户的第一封邮件最有好感。因为觉得客户重视你，在意你，记得你，自然就会对这个客户产生相应的好感。然后是第二封、第三封，好感度以此类推。到收到几十封甚至上百封邮件的时候，你的好感度就降低了，那时候你只有一个想法留存，这展会效果真好。

换位思考下，客户也是一样的。你先和我联系，说明你更重视我，更在意和我的合作，对你的好感自然就最多。等到后面看到更多邮件的时候，好感度就没多少了。好感度在"二八理论"里也是适用的。

人都喜欢和自己相似的人，这也是当天联系会产生的另一个好处。工作努力的人自然更认同和自己一样努力工作的人，工作认真的人自然更认同同样认真工作的人。人以群分就是这个意思。有比较才能区别哪些是同类，哪些不是同类。

客户当天逛完展会回去工作了，整理供应商资料，发邮件谈项目。而你也和他一样，回到酒店开始工作，整理客户资料，发邮件建立联系。当客户收到你的邮件的时候，自然把你归入和他是同一类人的范畴。如果他不认同你的工作态度，就等于不认同自己的工作态度。

什么叫有比较？有比较就是，你比大部分人优先。

大部分人在展会结束当天都是不工作的，出去吃个饭，逛一逛，回到酒店洗漱完就睡觉了。因为，第二天还要忙碌一天，所以就放松点吧。

这里要再强调一个观点。很多人会说，可能很多客户也不是当天查看邮件，这样做也不一定有效啊。当然，当天查看邮件的可能性也不是百分之百的，有多少客户会当天处理邮件也说不定，这是个概率问题。

但是，话说回来，做任何事存在一个概率问题。你发开发信是不是一个概率问题，回复率有多少。展会结束后你写邮件去联系客户是一个概率问题，回复率有多少。老客户再开发是一个概率问题，成功开发率又有多少。100%成功的概率和100%失败的概率是没有的。最好的办法就是做成功概率比较大的事情，做别人还没在做的成功概率比较大的事情。否则，你怎么会成功？你不去做，不去试，谈概率问题没有意义！

现在我们知道了，拿到名片后，当天联系最好。那当天联系的第一封邮件该怎么写？标题怎么写？邮件内容怎么写？要达到什么效果？要预设哪些客户体验？要为后续的跟进做好哪些铺垫？有哪些需要特别注意的？

Part 4　展会客户第一封邮件要这样写

知道了展会客户什么时候联系后，好多人又问展会客户第一封邮件怎么写？这个问题的确非常重要。第一封邮件决定了客户对你的第一印象，决定了你的竞争位置，决定了你的机会，也决定这个项目的生死。

既然第一封邮件如此重要，那该如何来写呢。学会下面的思路和技巧，你就成功了一半。

首先，我们先来看我们要达到哪些目标。做任何一件事情，你总有想要达到的目标，或者也可以说是目的。目的是从开始的角度说，目标是从结束的角度讲。

写邮件、打电话，当然也有你的目的和目标，做之前你当然要先想好。我公司的员工常常在需要与客户沟通时，想都不想，拿起电话就回。我说："你们回复之前想过要怎么回，想过要达到什么效果，考虑会产生什么后果没有。"他们说:"没有。"我说:"那你少打啊,打了跟没打一样。"

一、展会后为什么要发送跟踪邮件

发送第一封邮件,需要达到三个目标。
第一个目标:承上,建立直接印象。
第二个目标:击中,落实具体事项。
第三个目标:启下,铺垫后续营销。

(一)承上,建立直接印象

任何一个客户去参加一次展会,都不可能只看一家供应商,哪怕他是真的为你而来,也会顺便走一走,看一看,瞧一瞧。

客户见了很多供应商,看了很多产品,大脑里存了很多信息,回到酒店,吃个饭,喝杯酒,放松下来,这些信息基本上都处于同一记忆水平线上。没有哪条信息会记得特别深刻,也没有哪个人是记得特别深刻的。

我们发这封邮件过去的目的,就是要让客户把我们从众多信息里强化出来,贴上独家标签,趁竞争对手们还没蜂拥而至的时候建立直接印象。

现在很多客户都用手机看邮件。手机有邮件提醒功能,每次提醒就等于强化一次记忆;好的标题吸引客户去打开邮件,又是一次;好的内容给客户留下深刻印象,又是一次。如此一来,直接印象就建立了。

(二)击中,落实具体事项

写邮件和写文章一样,都要有具体内容,不然没人看,同时,只有这些内容与收件人产生共鸣,才能吸引彼此。

那么什么内容能挑起客户的兴趣?当然是客户自己感兴趣的内容和项目,也就是客户在展会上和你谈的内容,这是他关注的。

内容有了,话题就有了,话题有了才能互动下去,才有可能建立合作关系。这都是一环扣一环,紧密不分的。

这是第二个目标,引导到具体事项上来。

(三)启下,铺垫后续营销

我们都知道饭要一口一口吃,吃到最后才能吃饱。开发客户也是一样,要一步一步地来，急不得。

你不能说通过发一封邮件就让客户下单成交。第一封邮件要为后续的沟通和营销做好铺垫，别一封邮件就把路堵死，也别一封邮件就把客户的热情浇灭。

这是第三个目标，铺垫后续营销。

二、展会后第一封邮件引爆回复率

按照这个思路，接下来我们来分享，第一封邮件到底要怎么写，而且写完还能极大提升回复率。

让我们先看两封实战回复邮件。

（一）邮件一

标题：

HANNOVER MESSE Meeting – Further Led light details from ××× Company

正文：

Dear ***,

This is *** from ××× Company, we met and received your business card this afternoon in the fair.

Thanks for your interests in our led lights, I am attaching our catalog, so you can see more details about our capabilities.

Also customize service is available from our company, please feel free to inform us if needed.

We will start getting to work once we receive your reply.

Best regards

***

（二）邮件二

标题：

××× pending things for confirmation after HANNOVER MESSE (××× company)

正文：

Hi ×××，

This is ××× from ××× company.

Firstly, let me share the photo with you at our booth. And please find the formal quotation as attached. As we mentioned, some items only with the promotion price during the fair.

So please check and we can talk more details if you have any question.

Looking forward to your reply soon. Thanks.

Best Regards

×××

这两封回复邮件写得如何，我不做评价，先来看看我的回复。

(三) 外土司的第一封邮件回复模板

标题：

Custom Led Light Project (Roy From HANNOVER MESSE Meeting Today)

正文：

Hi ×××，

Nice evening.

This is Roy, from ××× company which you met today. See below our photo on booth.

About your interested Led light, see data sheets and pictures in attachment. The best price will be provided once we get your quantity.

More requirements, just inform or visit us.

Sincerely

Roy

(Signature + Photo)

1. 标题

先看标题，这里的标题由四部分组成：

(1) 具体事项 (Custom Led Light Project)。客户谈过的、感兴趣的话题。

(2) 谁 (Roy)。这里只显示个人名字而不显示公司名字是经过考虑的。

不管什么公司，客户最终对接的还是具体的人，所以需要对人加深印象。这样的营销机会当然不能错过。

（3）记忆点（HANNOVER MESSE Meeting）。在展会上会过面。

（4）时间（Today）。为什么要加 Today，其实就是要强调时间。客户当天看到邮件就知道是今天见的；客户过了今天看，不管哪天，他的潜意识都会告诉他，你当天就给他发邮件了，你是最早的！

2. 正文

再看正文部分。邮件的开头就要一眼让客户回忆起与你有关的事情，标题其实已经达到了这个目的了。不过，邮件里应该再增加别的部分以加深印象，加速记忆。

第一句用 Hi 而不用 Dear 会显得更亲切，能体现你们曾经见过面。

第二句 Nice evening，是为了强调时间。说明你在展会当天就给他发了邮件，且时间是当天下午。

第三句 This is Roy, from ××× company which you met today. 再次强调名字 Roy 加深客户对你的印象；然后增加公司名称×××company，它和标题一组合，所有信息就补充完整了，根本不用重复。

最后再强调了 today 这个时间。这里还有一点就是关于 met 的使用，这完全是个人偏好，其实可以换成 visited。不过，我更喜欢 met，感觉更亲近。

第四句 See below our photo on booth。除了文字之外，用合照的照片可以更直接帮助客户回忆，并拉近距离感。这里有两个点是特意安排过的。

（1）照片直接插在邮件的签名下面。因为整封邮件不长，所以客户打开邮件就可以立马看到照片，这些照片可以吸引他的注意力和兴趣，引导他看邮件内容。当然，附件里还是最好放一份含有邮件正文内容的文档，以防邮件里无法显示相关内容。

（2）拍照片是有讲究的，有个完美三要素。

首先，两个主角一定要在，就是你和客户，而且要笑；其次，尽可能在照片里出现公司名称，没有怎么办，后期制作上去，这个不难；最后，一定要出现客户咨询的产品，客户咨询什么，你就拿那个产品和他一起拍照，即使用产品做背景也很好。

这样拍照有个好处，发邮件时，你根本不需要额外插入产品图片。一张图片包含了人、公司名、客户感兴趣的产品，一目了然。

再看正文下面部分。

这部分难度不大，根据你和客户在展会上谈的进度写就可以。比如在展会上什么都谈好了只要报价，你就发报价单；如果已经要确认样品，你就说样品的事；如果只需订单，就说订单的事。

这里有一点要注意，不管怎样，最后一句你都要提醒客户给你回复，而且是越快越好。因为我们发邮件给客户的目的是要确认某件事情，肯定需要他回答。既要提醒客户回复，也要为下一次跟进埋下伏笔！

再来看结尾。

不管客户是不是还在展会，你都要给客户一个提示，有任何的要求和问题，随时来找你，或者也可以再来展位拜访。这就是引导。

客户没想到的，你帮他想好了。只要按照你的思路来，他都不用操心。这就是你的服务态度！这些潜意识的引导很重要。

最后是邮件的签名和插入的照片，这个就不多说了。

一封简单的邮件回复，你看下来有什么感觉？是不是觉得我太矫情了，竟然细致到如此地步。

其实，我只有在给公司的同事们分享时才会说得这么细致。

这里我还想说一点，所谓细致或者细节，其实就是感觉，或者说就是客户体验。

涓涓细流汇成江河湖海，把所有的细节都连贯在一起之后看，就是客户体验，也就是客户满意度。只有每一段都尽力做到最好，考虑周到，客户满意度和体验度才会一直好。

当然，这也不是一下子就能学会的。这里包含了经验、感悟、大局判断、细节判断、心理分析、沟通技巧以及个人感觉。但是，道理就在这里，技巧也就这些，分享给你，相信通过学习，你至少有个前进的方向。

就这样，第一封邮件写好了。按照我之前的经验，以及带出的团队的经验，客户的回复率是非常高的，甚至用"爆棚"这个词来形容也毫不为过。接下来就看你自己了。

邮件发出去后，客户中有回复的，也有没回复的，有看见的，也有没看见的，那我们后续该怎么跟进，该怎么营销。前面两步埋下了哪些伏笔可以利用？我们继续往下看。

Part 5　展会客户如何快速跟进和成交

前面几节我回答了"展会客户什么时候联系最好"这个问题，分享的办法是当天联系最好，并且详细分析了具体的考量和后续营销布局。然后，我也回答了当天联系的第一封邮件该怎么写，哪些因素最重要并要考虑进去，怎样才能吸引客户回复和抓住第一竞争先机，并且还要为后续的营销铺路。

接着，我需要回答两个问题，如何快速跟进和如何布局长期营销。这两者是互相配合，缺一不可的。对于能快速下样单或订单的客户，要快速成交；不能立刻成交的客户，则要给予良好体验并布局长期营销方案。

一、如何快速跟进客户

（一）展会上的快速跟进

先来看一个案例，如图1-1所示。

图1-1

什么叫快速跟进？这就是快速跟进！展会当天就和客户联系，收到回复后立刻和客户沟通，同时邀请客户第二天再到展位上详谈；第二天谈完回去立刻又发邮件确认，没确认的第三天再邀请客户来展位上确定。

对于有可能成交或确定合作关系的客户，要趁热打铁，这个时候客户的服务体验度是最高的。在竞争对手还没开始联系的时候，你已经结束战斗了。

如果看过前面文章的人应该都记得，在第一封邮件模板的最后我留下过一个伏笔，"More requirements""just inform or visit us"。这句话就是引导，提醒和引导客户第二天主动来找你。千万别小看这些细微的潜意识引导，它们非常有力。

天下武功，唯快不破！

（二）邮件的快速跟进

还有一种快速跟进是邮件的快速跟进。

当天你发过去第一封邮件后，有些客户会给你回复，但他并不会在第二天再来你的展位，可能他已经回去了。所以，这个时候你就会发现，每天参展后，除了要给当天认识的客户写邮件之外，还要给之前回复邮件的客户回复。因此，参展这几天肯定是很累的、很忙的。

不过以我的经验来说，还是可以应付的。展会一般五点结束，回去路上一个小时，吃饭算两个小时，一般八点多你应该到酒店了。有些人比如像我，基本都要到晚上十二点才睡觉，中间三四个小时完全可以处理完邮件。

所以，当天的回复是必须的。若没有当天的回复，那当天的联系就没有意义了。

二、客户没回复，如何处理

展会当天发的邮件，客户没回复，这是非常正常的，也是在三部曲的整体营销方案范畴内的。如果一个营销方案只能考虑到一种而非多种情况的话，那这个营销方案也是失败的。

因为有当天第一封邮件的发出，才会有隔天的第二封邮件以及后续邮件的跟进。所以，第一封邮件就是一个导火索，有了它，后面你想布多长的线都可以。

那第二封邮件什么时候跟进？我的建议是，第二天。展会当天你发出第一封邮件，没收到回复，那么第二天继续跟进这封邮件。为什么要第二天跟进，这个后面看了就会明白。

那第二封邮件如何写呢？直接接第一封话题，而且一定要在第一封邮件的基础上转发。我们来看模板。

标题：

Custom Led Light Project（Roy From HANNOVER MESSE Meeting on yesterday）

正文：

Hi ×××,

Nice evening.

This is Roy again, from ××× company which you met yesterday. See below our photo on booth.

About your interested Led light, see data sheets and pictures in attachment. The best price will be provided once we get your quantity.

More requirements, just inform or visit us.

our booth is ×××.

Sincerely

Roy

（Signature + Photo）

现在我们来说为什么要接第一封邮件的话题。

首先，在展会当天联系客户就是为了营造最好的客户体验。

所以在我们没有达到这个目的之前不要放弃植入这个客户体验，这也是第一封邮件的使命。既然客户没回复，那么第二封邮件就要背负这个使命继续前行。而且，如果了解到第一封邮件的内容和对应设计的话，就该知道你绝对找不到更好的话题、更有效的路径、更短的时间来达到更好的客户体验。

当然，这里还是有些地方做了改动的。比如标题，从第一封邮件的"today"改成了"yesterday"，正文"This is Roy"后面加了个"again"。这几个小地方是为了从时间维度上进行区别。

如果客户看了第一封邮件而没有回复的话，那第二封邮件就是提醒和第二次很好的体验植入。怎么理解？就是给客户一个印象，我可以在展会第二天又与你联系，我真是努力和敬业！

还有一种情况是，客户没有看第一封邮件。这个也没关系，和上面说的一样，只要你的客户无论什么时候打开邮件，都能看到这两封邮件，就算成功。因为你只要传达，双方在展会上谈论的内容，以及在展会的当天和第二天都给他发了邮件，这就足够了。

说完了第二天的事情，再说第三天。

三、第三天还要不要继续跟进

如果第三天收到了客户的回复，那就按开头说的立即跟进，因为还有第三天可以见面。那如果第三天还是没收到客户的邮件呢，怎么办？要不要继续发邮件跟进？我的建议是，不要跟进。

一般展会是三天，最多四天。第一天、第二天邮件跟进后，第三天就不用跟进了，第四天也不用跟进。

为什么？给客户一些空间和时间。给客户空间是不要让客户一打开邮箱，就看到你每天一封邮件，第一次沟通，事情没有紧急到如此地步。时间是不要让客户认为你只有他一个客户，每个人每天都有自己的安排，工作也好生活也好。两封邮件刚好，一封始发，一封跟进，恰到好处。如果连续三封或四封，那就显得过于迫切了。

有人要问，如果还是没收到客户回复，什么时候再催更好呢？就是展会结束回公司后跟进第三封邮件，一般是展会当天后的第五天。

1，2，5，这是最好的节奏。

第二章
社交媒体营销那些事儿

Part 1　社交网站是这么营销的

> **土友提问：**
>
> 有段时间我在朋友圈里做了一个调查：放假的时候，你会维护和开发客户吗？好多人回复，其中有两个人的回复让我印象比较深刻。
>
> 土友 A：
>
> 互联网时代，手机、电脑是人们每天都会使用的，不一定刻意去工作，看看邮箱、看看手机上的客户是不是在线只是一种习惯。
>
> 周末我也会和客户聊天，他会告诉我他去了哪里，把风景照、家人照都发给我看看。虽然我在他休息期间不提工作，但他自己却主动告诉我"上班了他就付我样品费"。
>
> 土友 B：
>
> 我放假前先给客户们发封休假通知，告知公司放假时间，但也注明，"如有任何问题，可与我联系"。我会提前列好 Excel 表格，假期里若有潜在客户回单，我会及时统计；我也会存好开发信的草稿在邮箱。虽然放假，新客户不开发，但老客户以及潜在客户的样品或者再次下单，还是要跟进的。我也会与老客户分享旅游信息。

为什么这两条会让我印象深刻？首先他们的敬业态度是我比较认同的。

有人说，工作和生活要完全分开。不是不可以，但如果我们转个身看看周边那些成功的人，你就会发现，他们可能没有比你聪明，但是至少比你勤奋，付出的心血更多。

因为花的时间更多，动了更多的脑子，处理了更多的事情，所以得到的教训也更多，积累的经验也更多，遇到的机会也更多。

看看现在微商做得比较好的那些人，他们的工作就是生活的一部分，不是吗？

当然，这里我要表达的重点不是如何努力工作，而是他们已经在做的社交媒体营销，或许他们自己也没意识到这是社交营销，但起码已经走在正确的道路上了。

那什么是社交营销呢？社交营销的本质又是什么？如何利用社交营销来开发客户呢？我认为社交媒体营销的本质就是刷存在感。说白了就是让别人记得你，仅此一个目的。

那如何让一个人记得你呢？很简单，在他出现的地方出现。

所以现在你能理解为什么谷歌、Facebook（脸书）这些巨头的营业收入大部分都来自广告，以及大数据精准投放。在你出现的地方出现，只要出现就好。

我有个好友，收到一个潜在客户的询盘。接触了一段时间，客户还是选择从竞争对手处采购。开始她给客户发邮件，在Skype（Skype是一款免费的即时通讯软件）询问此事，客户都不回复。后来她换了个方法，每隔两天就给客户的Skype发条消息，今天发"hello"，明天发"Good day"，后天发"See you tomorrow"。如此反复，没有停过。发了六个月后，客户偶尔会给她个回复。回复也很简单，"Hi, Good day"之类。

发到第七个月时，客户逐渐习惯了与她的互动。她偶尔不发消息，客户还会发个笑脸来问候她一下。发到九个月的时候，双方的沟通就开始多起来，比如会分享一些类似天气、旅游、生活之类的信息和照片，在此期间大家都没有谈到生意的事情。

结果有一天，客户突然主动谈到了生意，要给她下一个小试单。如今，这个客户60%的订单从她这里采购，订单额高达人民币上千万元。她靠的是什么扭转乾坤？社交媒体营销。

当她经常在客户面前出现的时候，虽然客户不回复，但是他看见了。只要客户看到这条信息，在潜意识里他就对这个业务员有了一次印象。当这种潜意识因为业务员的一次次出现被强化的时候，客户对她的亲近感就会不断上升，慢慢地他就开始接受她的习惯，而养成了看她消息的习惯。

换句话说，她要突然不出现了，客户反而不习惯。这就是潜意识营销。

其实，看看你的朋友圈，就会有切身体会。当你加了一个陌生的新朋友，她每天都会发朋友圈，只要你去看，就会有印象，这就是潜意识记忆。久而久之，你看得越多，潜意识里对她的印象就越深，也就越熟悉，越亲近，信任感也会加深。

我有好几个卖保险的朋友就是这样，看久了他们的朋友圈我就一个印象，她们是卖保险的，需要买保险就找他们。他们已经在我的脑海里定位了，我不可能再去考虑其他人。这就是社交媒体营销。也就是我们常说的，因为相信，所以简单。而相信的这个点，无非是通过社交媒体营销来完成罢了。

回过头来看文章的开头。现在你基本就能明白为什么我说他们两个已经走在正确的道路上了吧。

当你和客户已经开始互相发旅行照、家人照，分享生活点滴的时候，双方的关系已经从之前的生意关系已转变成了社交关系。

社交关系的好感和信任感是生意关系所无法比拟的。生意关系是相对对立的，而社交关系是共同的。

人心都是肉长的，这就是为什么合作越久商业关系越牢固。有些问题只要不涉及大的利益和冲突，双方都会从情感角度做出妥协。这些问题我们根本不能叫解决，而是叫让步。

当联系的主要目的变成只求在客户面前出现的时候，一切都变得简单了。你不用再绞尽脑汁想邮件怎么写，不用费尽心机想要说什么，不用去考虑客户会不会回复。不用给客户和自己压力。就像一首歌唱的，"只求你看我一眼就足够"。我只要在你面前出现就好，就是这个理。

Part 2 社交媒体营销，从玩转 Facebook 开始

终于等到这一天。

好多人和我说："土司，你分享下 Facebook 吧。"我知道你们 Facebook 都用得不错。看看 Facebook 的数据和马克·扎克伯格的捐款，谁都有冲动想进入此平台。

据统计，Facebook 已覆盖全球 189 个国家和地区，在 127 个国家和地区占主导社交地位。月活跃用户超过 17 亿，其中非美国用户居多，拥有 12.5 亿移动端月活跃用户，绝大多数用户都在移动设备上使用 Facebook。每个用户，平均有 130 个好友，每天平均查看 14 次。

除此之外，在马克·扎克伯格的背后还有四大社交应用，Facebook 群组、WhatsApp（全称为 WhatsApp Messenger，是一款用于智能手机之间通信的应用程序）、Facebook Messenger（脸书的桌面窗口聊天客户端）以及 Instagram（照片墙），彼此相关又相对独立。我们看看它们可怕的活跃用户基数，Facebook 群组超过 10 亿人，WhatsApp 10 亿人以上，Facebook Messenger 突破 8 亿人，Instagram 突破 6 亿人。任何一个应用单列出来，都足以成为全球数一数二的社交巨兽。

除了在社交网络领域的强大实力，Facebook 同时拥有移动应用开发服务商 Parse 和虚拟现实设备商 Oculus 这两大王牌。Oculus 是 Facebook 为了未来社交方式的布局式收购，而 Parse 则是 Facebook 平台战略的基石。

2016 年 7 月，Facebook 市值已超过 3600 亿美元。在 2016 年美国富豪榜，创始人马克·扎克伯格以 555 亿美元排名第四。这就是 Facebook。

做社交媒体营销要步步为营，把每一步做到最好，然后逐渐发力。社交媒体营销就是老酒，越陈越香，欲速则不达。

一、注册账号有技巧

打开"Facebook.com"。

填写注册信息，如图 2–1 所示。

图 2–1

（1）名字：可以注册任意名字，后续可修改。

（2）手机号/邮箱：这个用于验证和登录，建议使用 Gmail、Yahoo、Outlook 这些国际通用的邮箱好一些，国内的邮箱像 QQ、163 等，通过率和识别率很低。

（3）密码：复杂点最好，不过千万不能忘了。

（4）生日。

（5）性别。

填写好这些信息，点击注册。

有人说我英语实在不太好，看了眼晕，那你点击底部的语言栏，选择简体中文，如图 2-2 所示，这样全程使用就无盲点了。

图 2-2

二、通过验证要小心

这个地方要特别注意了，很容易吃苦头。可能会出现以下情况。

（1）安全审核，如图 2-3 所示。

图 2-3

（2）无法注册，如图2-4所示。

图2-4

（3）账户禁用，如图2-5所示。

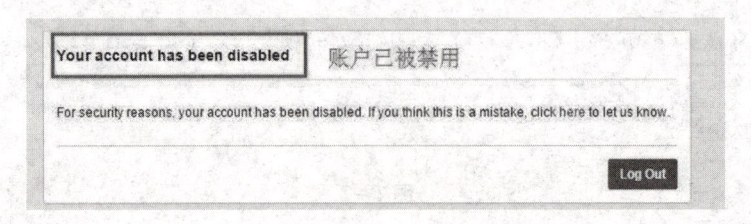

图2-5

账户禁用，这是最痛苦的事情。这里禁用的部分原因有：
①收到 Facebook 的一次或多次警告后，仍坚持被禁止的行为。
②出于骚扰、广告、促销、约会或其他不当行为之目的，擅自与他人联系。
③使用假名。
④模仿某人或实体，或者其他虚假陈述身份的行为。
⑤发布违反 Facebook 条款的内容。

如果被禁用，你就只能提起上诉了，上诉界面如图2-6所示。填完了之后，只有一个字，等！运气不错的话，你还是可以轻松搞定，一次性创建成功的。

三、添加好友和手机号

用邮箱创建账户成功后，会跳出两个小步骤。
步骤1，看看你有没有朋友已经在 Facebook 上了。

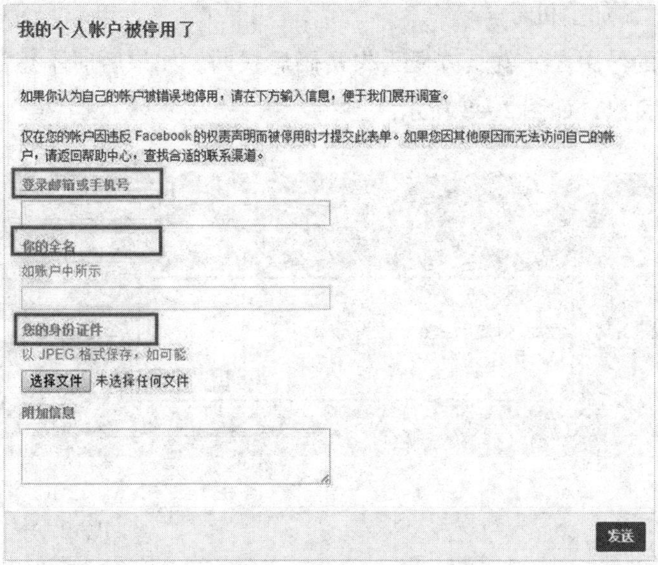

图 2-6

比如刚注册的时候你用的是 Gmail 邮箱，Gmail 邮箱会自动将你该邮箱的好友填充进去，点击"搜索好友"，就能快速找到你的 Gmail 联系人中谁已经在用 Facebook 了。发个申请给他，直接加为好友。

如此方便、简单的操作后，就有了第一批好友。如果你还有其他邮箱 yahoo、outlook 等，都可以试试，如图 2-7 所示。

图 2-7

步骤2，添加手机号。

手机号的作用之一就是方便丢失密码后找回。如果暂时不想添加，直接选择跳过也可以，如图2-8所示。

图2-8

四、主页设置

下一步就可以进入你的Facebook首页了。

在首页点击左侧的"Edit Profile（编辑主页）"，见图2-9，或者点击你上方的头像，开始进入个人主页，进行编辑。个人主页的妙用很多，细节也很多，后续我会慢慢讲。

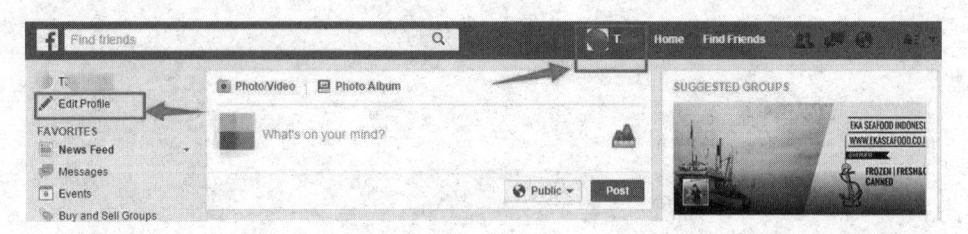

图2-9

终于连接了全世界，必须广而告之。别急，后台先看看你的个人主页URL（Uniform Resource Locator，统一资源定位器）短链接是什么。找到右上角的设置按钮，点击"See More Settings（更多设置）"，见图2-10。

在左侧栏目中选择"General（常规选项）"，看到在"Name（姓名）"下面有一个"Username（账户）"，见图2-11，你可以直接创建你自己的专属URL短链接，比如"geimoney"。

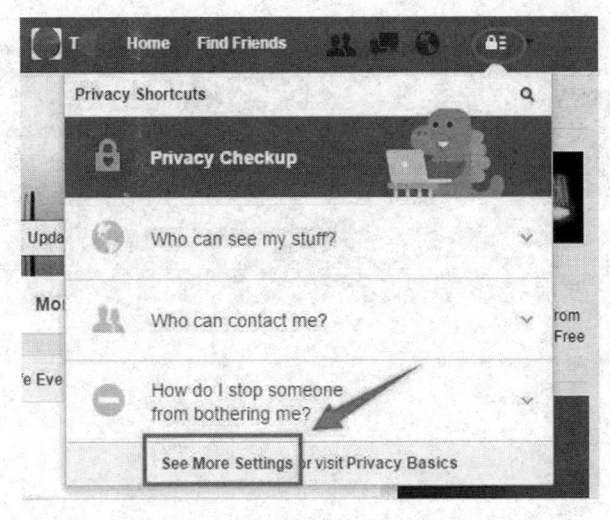

图 2-10

图 2-11

设置好以后，在网址栏只要输入"facebook.com/geimoney"，打开后就是你的 Facebook 主页了。

所以，一般，如果有人想加你为好友，立马给他这个链接，就可以直接找到你了。

五、其他小营销

我们开 Facebook 还可以兼顾工作，除了直接发链接外，平时还是可以做其他小营销。

比如在邮件签名里面加 Facebook 图标。客户一点就可以打开你的个人主页。方法很简单，就是在你的签名中，先添加一个 ■ 图标，见图 2-12，然后给图标创建一个超链接，链接到"Facebook.com/geimoney"，见图 2-13，

图 2 – 12

图 2 – 13

就可以了。

另外在公司官网加入 图标，见图 2 – 14。客户一点开就是你们公司的主页，感兴趣的客户一点击，就可以关注你们。

图 2 – 14

如果你还经常光顾各种各样的网站，有设置个人签名的习惯，把自己的 Facebook 链接顺便也带上。

Part 3　Facebook 社交媒体营销，学会展示还要学会表达

上一篇里说到了注册技巧、主页设置和其他一些小营销技巧，包括在主页的哪些地方，把手机号或者邮箱、出生日期等各项信息都填好。这就好比女生化妆，先把底妆打好，然后才开始正式化妆。

一、挑一张最美、最帅的照片当头像

不管是 Skype、WhatsApp、邮件、LinkedIn（领英）、Wechat（微信）、QQ、名片，还是 Facebook 也好，请一定要选一张最好看的照片作为头像。

男人请选一张最帅的照片当头像。

女人请选一张最美的照片当头像。

千万不要跟我说我真的没有一张好看的。只有懒人没有丑人；如果真丑，不还有化妆师吗；化妆师不够，不还有摄影师吗；摄影师不够，不还有美图和 PS 吗。

这事真的有那么难吗？如果你还是跟我说没有，那只能说是你不想。头像，是社交媒体营销的第一利器。

这点非常重要。

二、给自己的主页封面选一张吸引人的横幅广告

这个横幅广告的要求我就不说了，具体可以参照头像的要求。

但是，我还是要说几点。Facebook 和 LinkedIn 不太一样。如果说 LinkedIn 还带那么一点点商业和企业属性的话，那 Facebook 纯粹是私人朋友圈了。别挂一张太官方的横幅广告，因为你这不是企业账号，别让人一看就本能排斥你。

三、发状态展现自我

我们来 Facebook 的目的就是展示自己，展示是整个 Facebook 的关键。

我们来看看,有哪些方法可以展示自己。

比如发一个表情,见图 2-15,比如展示一句话/一段文字/一篇语录,例如"Life is beautiful because of you…"这个具体就不教了。

图 2-15

有人英语好,可以多发点内容;有人英语不太好,可以少发点内容;还有真想不出来发什么的人,可以转发些内容。总之你就是要吸引别人来浏览你的页面,引起他的兴趣就对了。

比如展示一张图片、一段视频。点击图 2-16 上方或者下面的照相机图标,就可以添加图片和视频。

图 2-16

图片和视频是最好的社交营销的内容方式，没有更好的了。想想化妆有多重要，就知道照片的厉害了。看看直播有多火，就知道视频的厉害了。

记得，如果你上传的照片里有朋友或客户，一定要把他圈出来，就是底部照相机旁边的那个小人，点击后直接输入你要@的人名就可以了，比如Bob。这里有个前提，Bob必须是你的好友。

在你的状态里@Bob后，该状态就会显示在Bob的最新状态里，这样你就成功地完成和他的互动了。

社交的世界，再细小的事情都可以成为一个新闻。例如，换了一个新男朋友，买了一本书，参加了一次相亲活动；或者，好友订婚了，今天瘦了一两，明天丢了一块钱；又或者，晚上要去酒吧喝一杯，吃了顿好的，买了件衣服，等等。

点击图2-17上方照相机图标旁边的生活纪事（Life Event），选中分类，或者可以创建一个分类，把相关的信息写到记录表里。

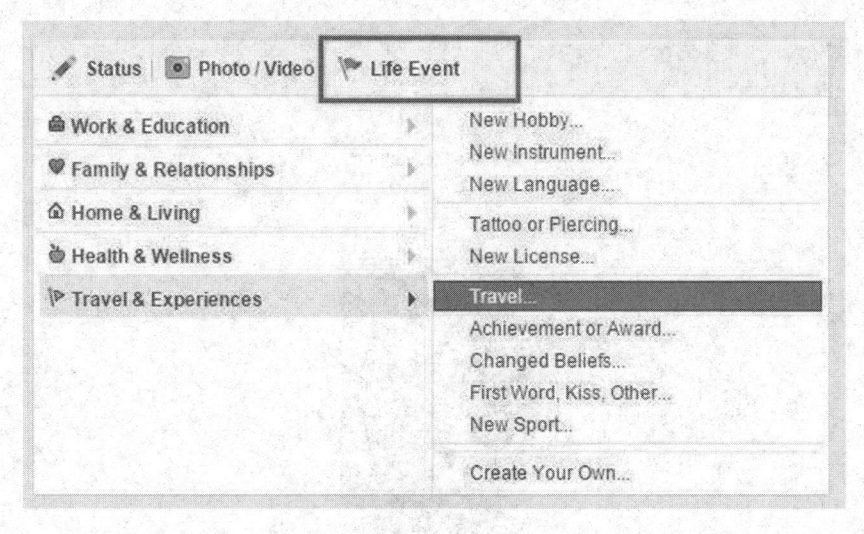

图2-17

然后设定好时间、要@的人、要抒发的感情和要吐的槽，等等，如图2-18所示。

举个例子吧。比如说今天是2016年9月18日，但是你拜访这个客户的时间是昨天下午，然后你就可以选择时间是2016年9月17日。当你的这条状态

图 2-18

发布出来的时候，发布时间就会显示在 2016 年 9 月 17 日，客户看到的就是昨天拜访的状态，见图 2-19。

图 2-19

既然过去的时光可以倒流，那未来能不能穿越呢？能啊。这就是预约功能。看到图 2-20 底部小日历一样的图标了吗，点击它。

假设现在是 2016 年 10 月 19 日的早上 8 点，你可以选择的最大时间是当天晚上 11 点 50 分。这样当我们工作的时候，就可以编辑好状态，设定好晚上的

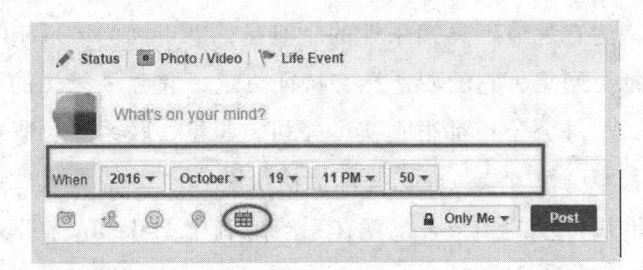

图 2-20

时间发。等你的欧洲客户白天上班时，就可以看到你的状态并与你互动了。

还有，这条状态对谁可见，还是你想指定谁看，都没问题，在图 2-20 右下角的设置按钮里面可以设置，如图 2-21 所示。然后点击发布，这样就可以与想交流的人互动了。

图 2-21

四、和朋友互动

和别人互动，最简单的方式就是给别人点赞。点赞的时候，也有一些表情可添加，只不过选择不多。

Part 4　玩转 LinkedIn 社交媒体营销，一开始要这样

相比 Facebook、Twitter（推特）、Youtube（美国的一个视频分享网站）这些一线社交平台，LinkedIn 显然要低调得多，按我的说法，我称它为二元

社交平台，因为它是最不具娱乐性的。但是，也正因为 LinkedIn 作为全球最大的职业社交网络，它的职业社交特征决定了它独一无二的专业性。它里面的每个人、每个公司都很真实，公司、职位、联系人、职业经历，包括个人偏好甚至联系方式。而这些却恰恰最贴合 B2B 商业模式的特点。所以用 LinkedIn 用得早的用户，早就在系统地利用 LinkedIn 来开发和维护客户关系了。

当然，玩 LinkedIn，一篇文章是写不完的。

简单几句话很难把整个 LinkedIn 运营分享清楚。今天我们就先开个头，分享 LinkedIn 注册初期的几个要点，然后再一步一步地把它铺开来。

用 LinkedIn 做社交媒体营销，一定要想好目的。

目的一：展示自己。这个不用说了，你的个人主页就是你的一张名片，第一印象很重要。

目的二：收集情报和资讯。老客户、潜在客户最新发的动态、行业的新闻、群组的最新讨论，等等，挖得好都是宝。

目的三：营销和开发客户。这个才是我们投入精力要达到的目标。

一、注册账号

开始用，很简单，可以先注册一个账号，有邮箱就可以了。

这里的注册邮箱最好避免使用公司邮箱，因为部分公司邮箱会被当垃圾邮件拦截掉。最简单的方法是用你的 QQ 邮箱去注册，163、126 也都可以。

注册完成后要记得添加你的公司邮箱，这很重要！

点击图 2-22 所示界面右上角头像，选择隐私和设置（Privacy & Settings），看到基础模块（Basic），点击邮箱地址编辑（Email addresses），见图 2-23。

邮箱编辑，可以增加除了注册邮箱以外的其他邮箱。刚才说的公司邮箱务必添加，然后登录邮箱后验证。公司邮箱在创建公司主页时是一个必不可少的条件，所以说很重要！

另外，你还可以对邮箱进行优先设置。只有通过邮箱验证的邮箱地址，才能被使用和进行优先设置。先找到优先设置按钮，点击就可以了。客户点击你的主页的联系方式（Contact Info），看到的就是你已经设置好的优先邮箱了，见图 2-24。

图 2-22

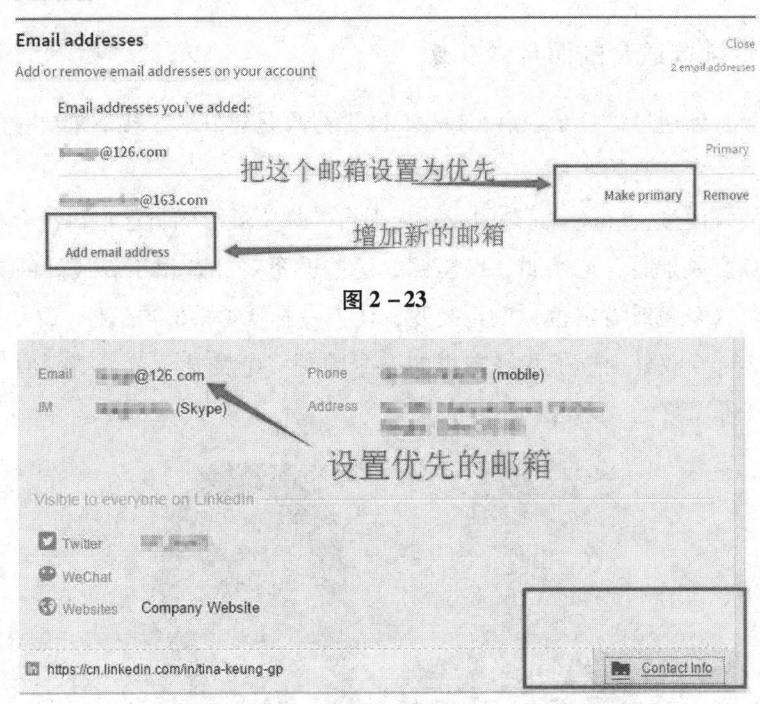

图 2-23

图 2-24

还有一个方法，直接点击 Email，修改优先设置，见图 2-25。

现在再回头看联系方式的地方，分成两个部分。

(1) 公开的信息部分有三个，分别是 Twitter 信息、Wechat 信息及网址。

(2) 只对好友可见的信息部分有：邮箱地址、电话（手机、办公室或者

```
Add and change email address
ADD AN EMAIL ADDRESS
We recommend you add at least one personal address and one work address. After adding the new address, go to that account and click the link in the confirmation email.

[email address]  [Add email address]

CHOOSE YOUR PRIMARY EMAIL ADDRESS
Click "Make primary" next to the address you want to use for LinkedIn emails. Addresses must be confirmed before they can become primary.

███@126.com                            Primary address
███@163.com         现在的优先邮箱   Make primary                    Remove
███████                                Send confirmation email

Close
```

图 2–25

家里）、即时通讯（像 Skype、QQ 等 8 种，但是只能选择展示 3 种）和地址。

有微信等即时通讯的，都可以展示下。这样如果客户要找你，最多只要一分钟！

二、挑选适合的照片做头像

邮箱验证通过，登录以后，LinkedIn 账号算是建好了。接下来要做的就是给自己挑一个好看的照片。

前面我说过，LinkedIn 是职业社交平台。你要展示的自己也得符合相应的职业特点。风景照、艺术照、搞怪照，这些就不要放这里了。最好的头像是纯色底色（灰色或者白色）的正装照，让人一看就觉得值得信任。

图 2–26 我分别选了我好友里的一个帅哥一个美女示范，高颜值的证件照是一张非常好的"名片"。

图 2–26

三、定制你的专属链接

个人主页建立以后，你就能看到你的主页地址了。图 2–27 所示界面中联系方式的旁边，http 后面的一串就是你的 URL，看一眼是不是杂乱无章的。

其实这里是可以定制专属链接的。点击旁边的设置齿轮，在跳转页面的右半边，可以看到一个提示。这里就可以编辑你的页面 URL 了，比如 Jason – Wang – ABC company。让你的主页地址独一无二！

图 2 – 27

除了 URL，在页面下方，如图 2 – 28 所示，你还可以选择你的主页中哪些栏目是可以公开的，这个也很方便实用！

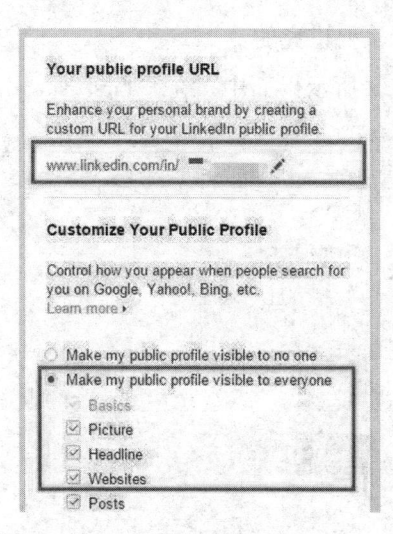

图 2 – 28

看到这里，很多人应该注意到了，我的主页语言设置的是英语。因为你是来向潜在客户展示的，当然要选择用英语或者你的目标市场的语言！

今天就简单分享这几个点，LinkedIn 实用和有趣的功能很多，后面我们再一个一个地铺开来讲吧。

Part 5　LinkedIn 营销装修秘籍，简约而不简单

注册好了，接下来就要装修了。

很多人不重视装修，其实是大错特错。店铺或个人主页的装修和家里房子装修的道理是一样的，如果你边想边装修，边设计边装修，那这房子装修好了十有八九你不会满意。要么这里不实用，要么那边不协调，因为没有整体的规划和提前布局。

LinkedIn 也是一样，你要给别人看，要营销到别人，那很多地方你就要提前布局和设计，然后才能达到想要的效果。

接下来我们看看都有哪些地方需要注意。

一、装修第一步——名字

有人说，名字有什么要讲究的？

很多人说，图 2-29 所示界面中，在"First Name"处写上名，在"Last

图 2-29

Name"处写姓就可以了。

那举个例子。"Rebecca Xu（BBC）",看到这个，你有没有觉得哪里不一样。

对，我们可以在 First Name 的地方写上全名"Rebecca Xu"，在 Last Name 的地方写上公司名字"（BBC）"。

我们做 LinkedIn 的目的不就是为了展示公司，展示产品和展示自己吗！所以，第一步就把公司展示了。

展示完后，只要你有更新，LinkedIn 就会给你的 LinkedIn 好友们强化营销一次，Rebecca 是 BBC 公司的人，BBC 公司有个人叫 Rebecca。

接下来，我们注意到名字下面有个"Former Name"，也就是曾用名，这个最好不要用，为什么这么说，我们来看下。

假如曾用名是 Lily，写了曾用名以后，如图 2-30 所示。

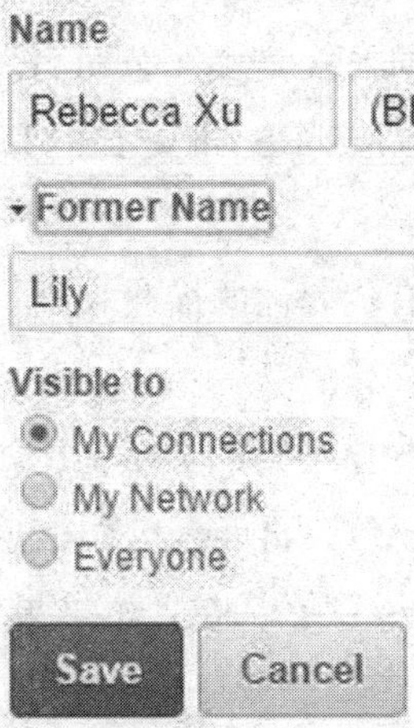

图 2-30

展示效果见图 2-31。如图所示名字后多出一段来，会影响营销效果，所以，我不建议添加曾用名。

Rebecca Xu (Lily) (BBC)

图 2-31

二、装修第二步——职位

职位这一项比较简单，该怎么写就怎么写，例如：

Export Manager

Sales Manager – BBC Co.

Engineer – SBC Co.

General Manager at Shanghai CNC Co.

但是，还是可以在职位描述中加入以下词语，以提升你被搜索到的概率。

(1) 有人喜欢直接写产品名称。

比如 Led Flat Panel Light and Tube Light.

AUTO PARTS, light for for truck and motorcycle.

(2) 有人喜欢一起写产品和公司名。

比如 All – in – one truck led light at Zhejiang ACN。

(3) 有人喜欢一起写上多个修饰词＋产品＋公司名。

比如 10 Years Warranty ★UL TUV RoHS CE★ LED Light Supplier at Ningbo EEH。

这些都是从 LinkedIn 上选的具有代表性的描述。

看起来比较烦琐。有没有用呢？有！

因为客户在 LinkedIn 里面输入想要搜索的文字，比如 led light，网站先会精准匹配所有人的名字，然后匹配职位，再匹配公司信息，最后是其他信息。因此，如果你的职位里就有 led light，那么，在搜索结果中你就排在职位中没有 led light 的人的前面！

排名靠前，目的就达到了！但是，另外有很重要的一点大家很容易忽略。你发的每一条动态都会在你所有朋友的主页面显示。你点赞的动态里展示出来的就只有你的名字和点赞内容。这时候，你的朋友是看不到你的职位信息的。

假如你为我的一条动态点了赞，我想看看你是哪家公司什么职位的，又不想点开你的主页。此时，我只要将鼠标放到你的名字上，你的职位信息就显示出来了，如图 2 – 32 所示，"Strategic Business Leader with excellent..."后面显示不出来了，其实图中完整的职位是这么填的"Strategic Business Lead-

图 2－32

er with excellent track record of credentials."。

所以，在填写职位的时候，你要把你认为最关键的内容，放到前面让别人哪怕不点你的主页也能看到的位置，一般是 40 个字符左右。

比如 Business Development Manager at Daikin Co. ltd，不完整显示的时候是 Business Development Manager at Daikin，核心部分还在。比如 Led Light&Auto Parts Manufacturer －Suzhou HZ Co. ltd. －25 years，不完整显示的时候是 Led Light&Auto Parts Manufacturer －Suzhou HZ，该在的信息都在。

三、装修第三步——公司

关于公司的信息，就没必要打广告了，实事求是。

这里我们看下公司网址，填写的地方。

在联系方式（Contact Info）对所有人可见的项目里面，Websites（网址）项下有六个选项，分别是 Personal Website（个人网站）、Company Website（公司网站）、Blog（博客）、RSS Feed（类似于博客）、Portfolio（图片）、Other（其他），见图 2－33。

如果你想加上你的个人网站、博客，直接添加就好。如果要添加公司网站，选择 Company Website，输入公司官网，如"www.bbcled.com"。如果你的公司有好几个官网，可以都填上。

你的朋友点开你的联系方式，看到的是如图 2－34 所示的界面，显示是 Company Website。

图 2-33

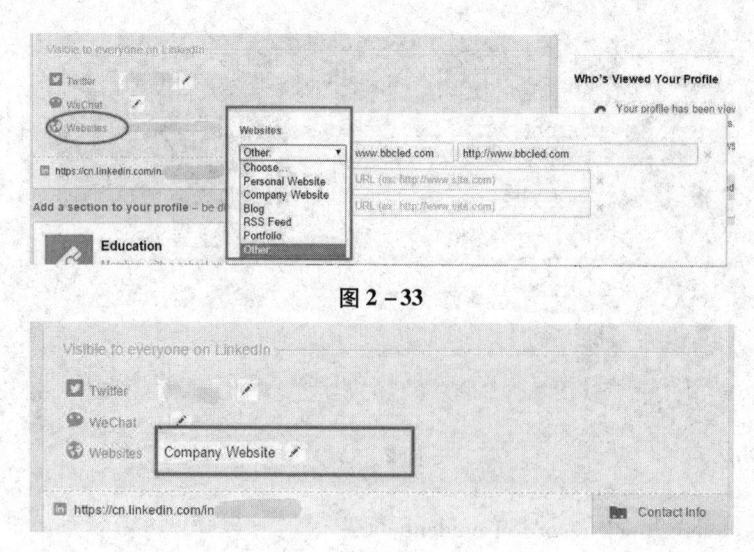

图 2-34

但是，如果我们利用 Other 项，效果就会不同了。

选择 Other 以后，会出现两个填写框，一个是需要填写所要加入链接的命名，另一个是填写链接。比如，我在第一个框里面填"www.bbcled.com"，第二个框填写的内容和原来一样，见图 2-35。

图 2-35

这时候显示的就是"www.bbcled.com"，见图 2-36。

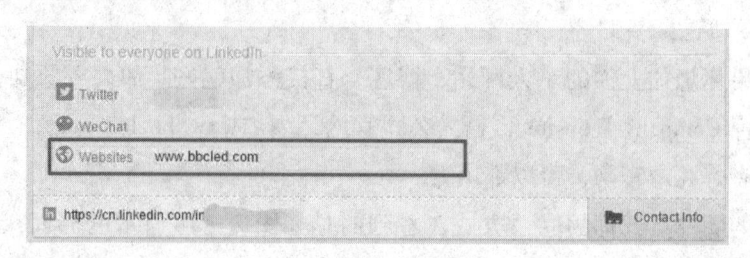

图 2-36

有些人会在这里做个文章，如图 2-37 所示。这个写法很不错。

图 2-37

Part 6　不会写 Summary，做什么 LinkedIn

前面的局布好以后，接下来就要进入 Summary（摘要）部分了。Summary 相当于个人简介或公司简介，它有多重要，在此就不强调了。对方对你的第一印象来自于 Summary，见图 2-38。

图 2-38

那如何写出一份有出色且具有营销效果显著的 Summary？如何可以做到让对方看一眼就有想合作的欲望呢？

你只要定位住三个点就可以了。

（1）你是谁？

（2）你是干什么的？

（3）你的目标是什么？

记住，你一定要把这三点表达清楚。这样基本能让对方快速建立起对你的最佳印象！

有人说要完美，其实，尽量做到自己所能做的就可以了。

一、突出你的公司

直截了当告诉对方你公司的产品，你公司的优势，选择你们准没错！

举个例子，比如图2-39所示的这个Summary，就包含了这些要素。总体来说，还是挺不错的。可改进的地方就是可以再做得更简略一些，不要那么啰唆。

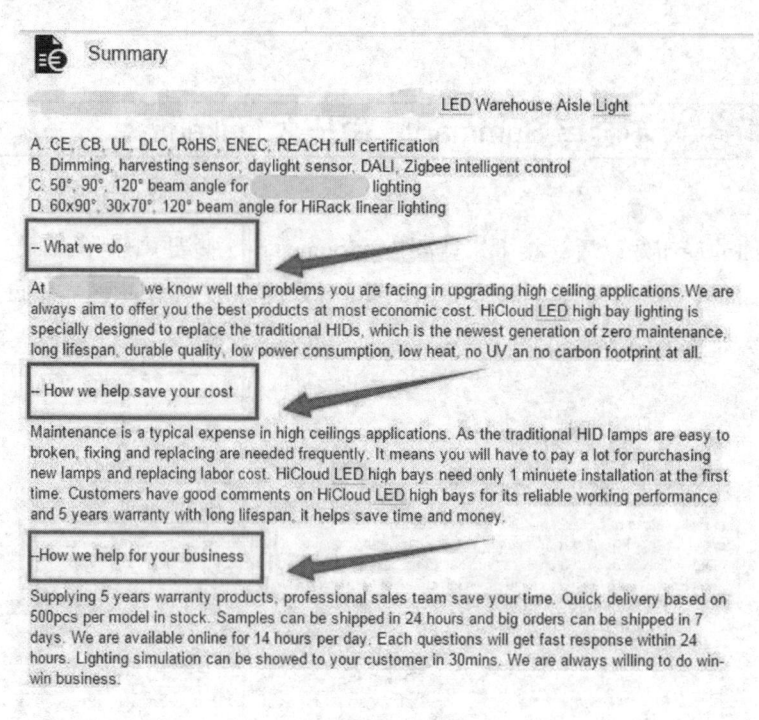

图2-39

二、突出你的产品

如图2-40所示的这个Summary，直接切入正题"We're supplying professional FAN COIL UNITS（我们是风机盘管理组的专业供应商）"，种类包括有A、B、C、D等，此外，我们还接受定制。

用几句话把自己能提供的产品和服务说清楚，专业的客户一眼就明了。

能让人一眼看明白的商业模式才是好的商业模式，能让人一眼看明白的Summary才是好的Summary！

```
Summary
We're supplying professional FAN COIL UNITS.

▢ products range:
One way cassette fan coil unit;
Four way cassette fan coil unit;
Eight way cassette fan coil unit;
Free stand fan coil unit or universal fan coil unit;
Ceiling floor fan coil unit;
Ceiling concealed duct fan coil unit;
High wall fan coil unit.

All models with 2 pipe system and 4 pipes system available.

For cassette type, ▢ design also available.

For ceiling concealed duct type fan coil units and universal fan coil units, EC motor is optional.

Welcome visit our website at: www.▢.com

And we are always here looking forward to your request or inquiry.
```

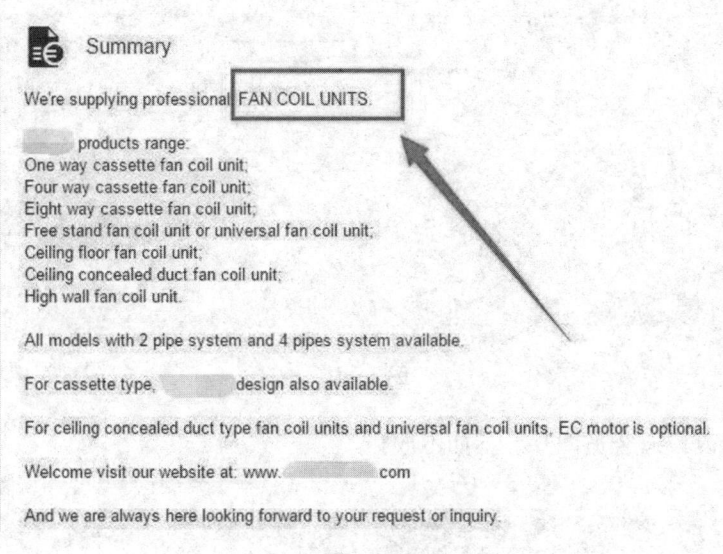

图 2－40

不管你怎么写 Summary，写完后请你一定要回到最初，回到那三个点来检查、评估一下，是否写明白。你是谁？你是干什么的？你的目标是什么？如果没表达清楚，回去继续改。

三、营造更立体的营销效果

有人说，我觉得光这些文字还不够，我需要更立体的营销效果。怎么办？当然有办法。

在 Summary 的旁边，有个方框按钮，如图 2－41 所示。

点击以后，你可以添加视频、图片、文件以及详细的 Presentation（公司介绍）。

关于视频、图片等，还是不得不说一句，一定要挑选精美的、精心编辑和处理过的图片。这样的图片传上去才能给你和你的公司加分，比如生产场景图、产品细节图、使用方式图、公司设备图、企业文化图、活动图等，如图 2－42 所示。

千万别随随便便挑几张传上去，这些都是广告，直接用来向客户营销，提升客户体验度，提升转化率的。你见过哪家公司投放的广告视频和图片是随意上传的。

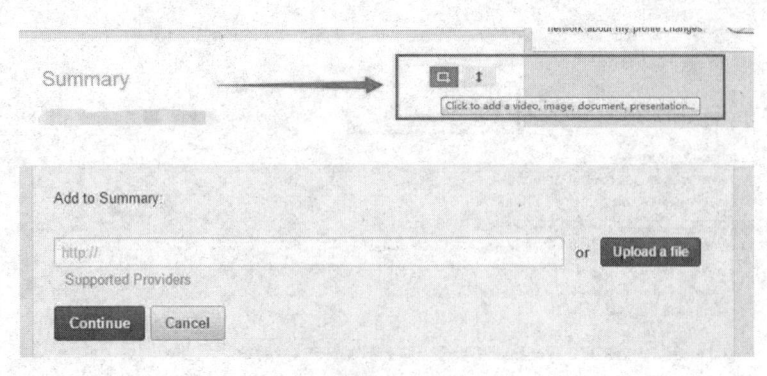

图 2-41

如果真没有合适图片，不如不放！

图 2-42

另外，一个简单的 PPT，也会是非常好的展示自己的方式。

其实，关于 Summary，可以分享的点不多。为什么要单独写一篇文章分享给大家，因为它实在是很重要。

从名字到职位到联系方式，我们都经过精心设计，到了 Summary 真的要"露脸"了，可千万别掉链子。

最后，可能还会有很多人觉得我分享的模板太少了，还是不会写。

我分享一个最有效的方法给你。你也不用自己写，就去添加一群人，然后看他们的 Summary。你问我添加谁，就是你的竞争对手们啊。

这个方法操作起来可是一点难度也没有。你把他们写的都看一遍，选两三家作为模板进行对比，然后分别选择他们比较好的几个点，将它们拼在一起，这个 Summary 就是你自己的了。

不过你可别完全复制下来，每家的核心优势和情况肯定有区别，润色、加工非常有必要。

办法虽然重要，但是大致写作思路是一定要了解的。授人以鱼不如授人以渔，两者都要授，这是我的一贯作风。

Part 7　LinkedIn 社交媒体营销，一见钟情的技巧

刚才介绍的 Summary，很多人会偷懒，觉得难写，直接就不写了。

我在 LinkedIn 上浏览一下发现很多人的确是这样做的。

那如果真的没写 Summary，会不会影响主页的完整度呢？这个不一定。

因为你还是有很多其他机会来展示产品和公司。

比如，Experience（工作经历）就是其中一个。填写完 Company Name（公司名称）、Title（职位）、Location（地址）和 Time Period（时间）后，在写 Description（描述）时，你自由发挥的空间就很大了，见图 2–43。

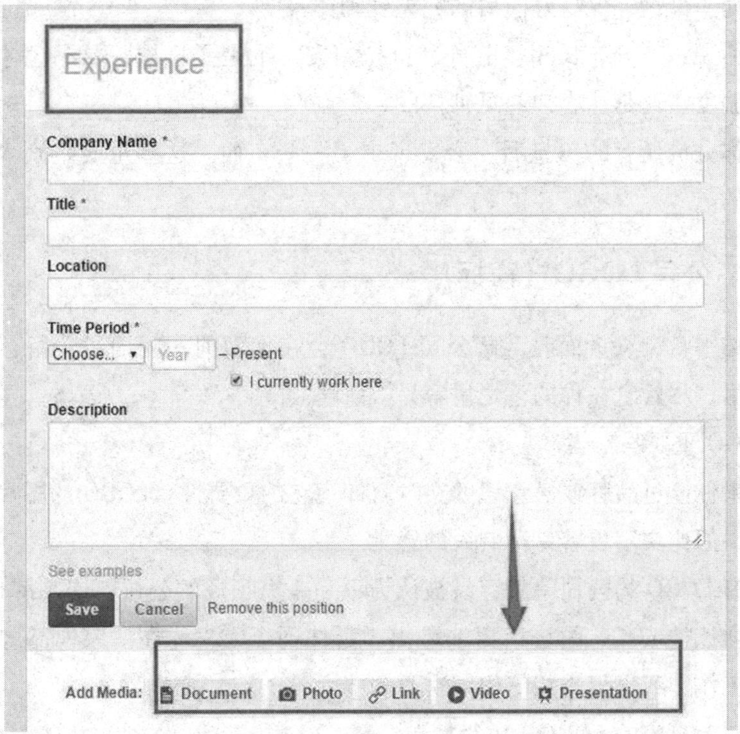

图 2–43

关于写 Description 的内容和技巧，这里就不多说了，我在上一篇文章的最后就分享过，你可以去看看。

Deseription 的最底下和 Summary 一样可以添加文件、图片、视频或者 PPT。所以，你可以尽情上传营销内容！

关于个人经历（Experience）的填写，不得不提几句。

如果说 Summary 相当于一份个人简历的个人评价部分的话，那 Experience 就相当于个人经历部分。在面试时个人经历是企业最看重的，它基本反映了你的经验和专业度，HR（人力资源专员）会着重根据这些来匹配企业的需求。

从向客户营销的角度来说，个人经历非常重要。

一方面你需要润色和突出个人的专业度和经验，使客户看完后对你的工作能力和专业度产生相应的信任。

另一方面我建议你也要润色和突出企业的部分。对当前就职的企业，要有意识地展现产品、服务、历史或加工能力等优势；对于以前就职的企业，也不要简单处理，保持好前后的完整度和体验度。

俗话说，三分靠长相，七分靠打扮，文案也是要打扮，要润色才会有美感和体验度。这是让客户一见钟情的一个点。

当你完成所有的信息后，会发现少了一些东西。这些东西是别人有，而你没有的。

一、公司 LOGO（商标）

当你平常浏览页面时，某公司 LOGO 会在你面前一闪而过，留存在你的潜意识里，尽管它在你的记忆里容易被忽略。

LOGO 重要吗？当然。

如果你读过品牌或潜意识的文章就知道它的重要性。LOGO 的图片不易被人记住，但比文字更容易影响人的感觉。

没有 LOGO 的公司一般容易被认为不是一家正规的公司，连品牌也没有。显然这会让挂 LOGO 的公司提前胜出。延伸到个人，你在一家连品牌都没有的公司工作，我也很难相信你的实力和能力。

想挂上自家的 LOGO，也很简单。

在输入公司名字的时候，表单会先自动匹配你的公司信息。如果你输入的公司在 LinkedIn 上面已经有了公司主页，点击后可以匹配出公司名字。同时，系统也会自动默认你是这家公司的员工，自动给你的页面配上公司 LOGO，见图 2-44。

图 2-44

如果你的公司还没有创建过公司主页，那很抱歉，暂时是无法显示出 LOGO 的，只能显示一个新公司名字，见图 2-45。那你能不能马上创建一个？很抱歉不可以。这也是我稍后要分享的，如何才能创建一个公司主页，这是另一个营销的点。

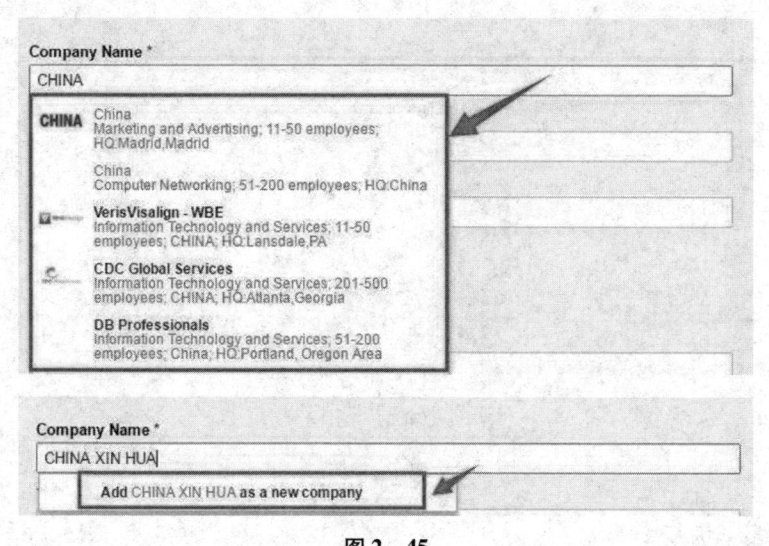

图 2-45

二、技能

下一步我们来看看 Skills（技能），你能想到的 Skills 有哪些呢？

Sales? Engineering? Marketing ? Sales management? Marketing strategy? Business development? Supply chain management? Keep account development? Negotiation?

好吧，我们不得不承认这世界上有一些人的思维的确比较怪异。他们的 Skills 竟然是这样写的，见图 2-46、图 2-47。

40	New Business Development
35	Sales Management
35	Business Strategy
17	Key Account Management
16	Business Development
15	International Sales
12	Marketing Strategy
11	Sales

图 2-46

28	Air Conditioning
27	Refrigeration
	HVAC
	HVAC Controls
	Heating
	Cooling Water
	Ventilation

图 2-47

这些是什么？

竟然是他们要卖的东西和所从事的行业。更可怕的是竟然还有不少人愿意给这些技能点赞背书！这不是间接认同人家在这行业的专业度吗？

那这里 Skills 的数量有没有限制？没有！也就是说你想添加多少就添加多少，什么都可以添。但是，LinkedIn 只优先展示前面的 10 个技能。所以，你想要哪个被客户看到就把它排在最前面。

这是另一个能让客户一见钟情的点。

如果你认为 Skills 只有简单的展示作用，那就大错特错了。

给你举个例子。

如果你看到一个客户是做 Telecommunication（通信）这块业务的，如图 2-48 所示，你可以看到有 60 个赞的那个技能词，在这些点赞的联系人里面挖掘，可以挖出一堆潜在客户人选。

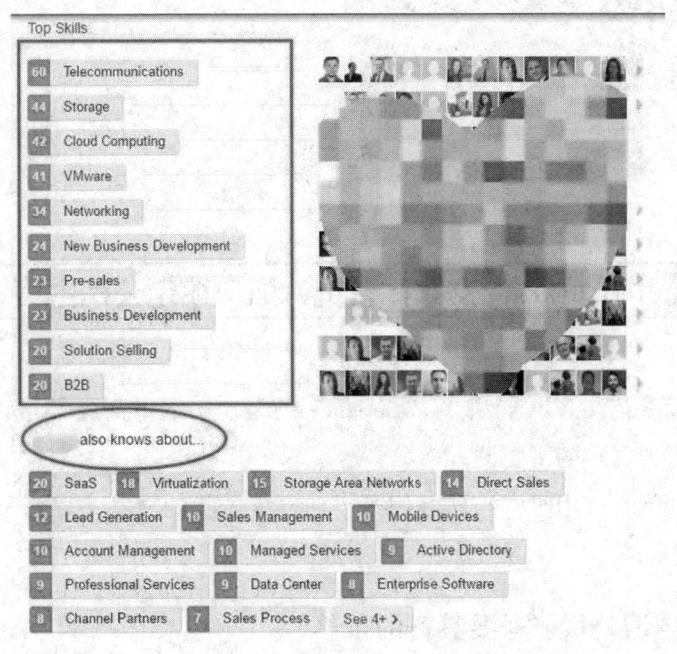

图 2-48

把鼠标放到点赞的联系人头像上。这时会出现这个联系人的名字和公司信息，以及"Connect"按钮，如图 2-49 所示。

图 2-49

然后直接点击他的头像或名字，进入他的主页，见图 2-50。如果这恰好是你要找的客户，那简直太棒了；如果不是，有个 CEO 帅哥在你联系人列表里，看着也心情好啊。

图 2-50

Part 8　LinkedIn 社交媒体营销，如何搞定公司主页

在前面一篇文章我们讲了 Experience 的写法，在里面提到过做 Company page（公司主页）的重要性。

有人会问，好用吗？当然好用了。你要跟着我的文章一路看下来，肯定不会问这个问题。

一、申请公司账号要具备的条件

你要做公司主页，先要申请公司账号。

如果要申请公司账号，要满足几个条件。

（1）有一个依据真实姓名设立的个人档案。

（2）你的个人主页创建时间至少要有 7 天。

也就是说从你注册账号，完善个人信息后，再等 7 天才行。

（3）你的个人档案竞争力（Profile Strength）必须为中级以上。

目前的档案竞争力分为 5 个级别。

①Beginner 初级，普通人。

②Intermediate 中级，比大部分人优秀。

③Advanced 中高级，很厉害。

④Expert 高级，行业专家。

⑤All – Star 无敌，顶级高手！

（4）你已经拥有多个联系人。

至少先加十个人。

（5）你必须是现任员工。

怎么证明呢？只要在你的工作经历里，你目前工作的公司就是你要创建的公司主页的公司就可以了。

（6）你要有一个带公司邮箱后缀的个人邮箱。已经在 LinkedIn 的后台添加过这个邮箱，且通过验证。

这个我们在注册账号的时候，就提到了，需要添加一个公司邮箱地址。在隐私设置（setting）处，找到邮箱设置，见图 2 – 51。

基本信息

邮箱地址　　　　　　　　　　　　　　　　　　　　　　　关闭
添加或删除帐号中的邮箱地址　　　　　　　　　　　　　3个邮箱地址

已添加的邮箱:

Rose@BBClight.com　　　　　　　　　　　　　　　　　主邮箱

　　　　　　　　　　　　　　　　　　　　　设为主邮箱　删除

图 2 – 51

如果你是 BBC led light 公司的员工，那你的个人公司邮箱可能会是 rose@ BBC. com，roseMa@ BBClight. com 或类似的邮箱；而绝对不是 admin@ BBC. com，postmaster@ bbc. com，webmaster@ bbc. com，等等这样的群发邮箱或者官方邮箱；也绝不是 roseBBCled@ 163. com，rose@ sina. com，roseBBC@ gmail. com，等等，一眼就能看出来这不是公司邮箱了。

如果你的公司邮箱有反垃圾邮件设置，可能一开始会收不到验证邮件或者直接进了垃圾邮件箱。你耐心点找出来，验证成功就可以了。

（7）公司域名必须为公司所独有。

别把别人的公司域名邮箱拿来用，这会闹笑话的！

二、如何申请公司账号

点击上方的 Interests（发现）里面的 Companies（公司），见图 2-52，看到页面的右侧有一个按钮"Creat（创建）"，创建一个公司主页，见图 2-53。

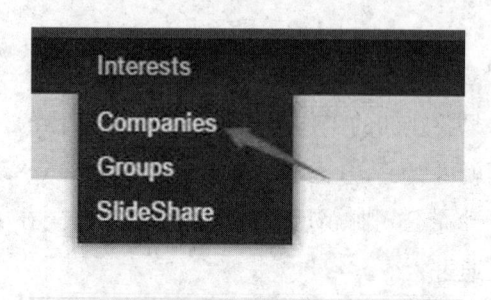

图 2-52

图 2-53

点击"Creat"，填上你要创建的公司名字以及 email 地址，见图 2-54。然后进入你的邮箱，确认创建公司主页就可以了，见图 2-55。

图 2-54

图 2–55

和个人主页一样，公司主页也有许多的内容等着你去完善，见图 2–56。

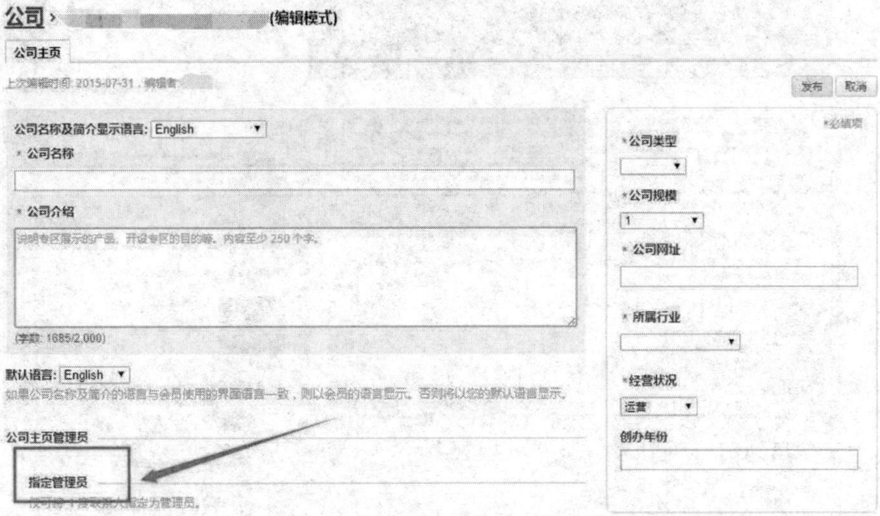

图 2–56

这里就不细讲了，因为和本章 Part 6 分享如何完善 Summary 资料一样，你只要参照 Summary 的方法和注意事项就可以了。

最直接的办法还是先去同行那边看看，如图 2–57 所示，有什么好的东西就拿来优化下。

多找几家，看完记得动起手来哦。

三、设置管理员装饰你的公司主页

有些公司老板或经理说自己很忙，没有时间来做公司主页装修。这话我就不爱听了，你连个公司门面都没有，怎么做生意呢？你让那些业务员们建立的 LinkedIn 门面都链接到哪里去呢！

你要没空，可以指定一个助手来做，这没什么好怕的，有人做总比没有人做好。

图 2-57

怎么做，我来告诉你。

第一步，你的员工必须和你已经是好友（connection）。

第二步，在公司主页设置内容的时候，直接在下面添加上新的管理员就可以了，见图 2-58。

图 2-58

现在公司主页也改新版了，你可以在右上角的管理员工具里进行管理员设置，见图2–59、图2–60。

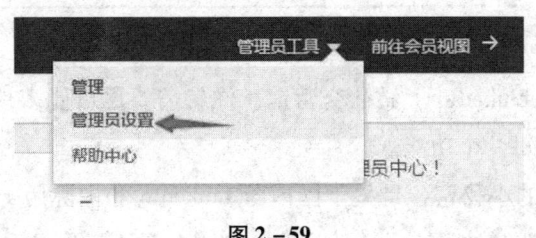

图2–59

图2–60

这样你就可以稳稳地去喝咖啡了。

其实，LinkedIn的公司主页的创建并不复杂，却非常重要。但是还是有很多企业不创建公司主页，就让业务员自己创建个人主页，这是不对的。

如果你是想让业务员去求职或者找到更好的工作，你就让业务员们自己去干，好好干。我要是你的同行，我就让猎头到那上面去"挖人"。

如果你想让业务员们去上面找客户，向客户营销，建立信任，你一定要建一个公司主页，这个主页也是很好的宣传公司的窗口，同时也会帮助很多业务员营销并和客户建立信任。

Part 9　关于 LinkedIn 社交媒体营销，这些秘密你要知道

如果你想在 LinkedIn 上做社交营销，你就需要尽可能多地了解 LinkedIn，弄清 LinkedIn 的每一个功能。

今天要分享的小秘密，是关于国内版 LinkedIn 和国际版 LinkedIn 的区别。很多人要说了，难道这还有什么不同吗？当然！只不过你没看到而已。

了解了这些不同，你才可以更好地玩转 LinkedIn 营销。

一、Work 导航条

先来看国内版的 LinkedIn 与国际版的 LinkedIn 有哪些不同，两者的区别主要集中在 Work 导航条。

国内版 LinkedIn 的 Work 导航条，下拉后推荐的工具只有 Post a job（发布工作），见图 2-61。

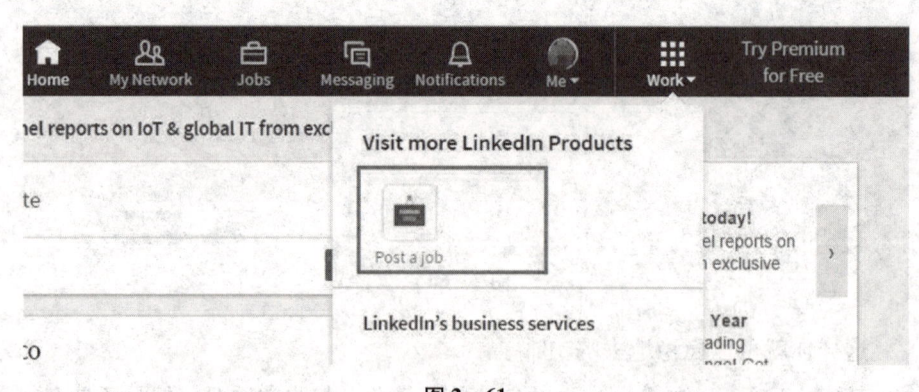

图 2-61

国际版 LinkedIn 的 Work 导航条，下拉后推荐的包含 8 个不同工具，见图 2-62。

这些工具分别是 Learning（学习）、Post a job（发布工作）、Advertise（广告）、Groups（群组）、ProFinder（兼职平台）、Salary（薪资）、Lookup（查找）、Slideshare（内容分享）。

图 2-62

(1) Learning（学习）界面，如图 2-63 所示。

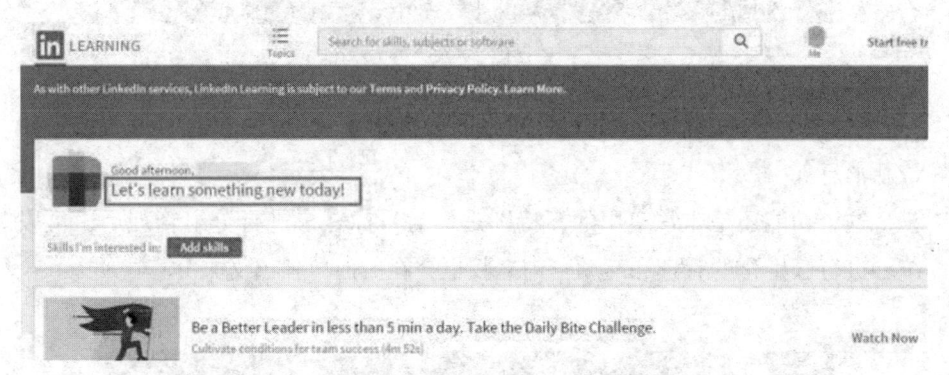

图 2-63

(2) Post a job（发布工作），这个就不多解释了，要发布工作时可直接推送，见图 2-64。

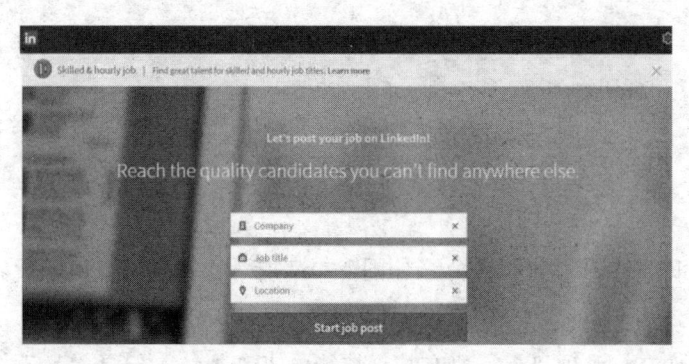

图 2-64

(3) Advertise（广告），见图 2-65。

这个功能有些企业或个人会用到，可以直接向目标客户打广告。如果结合社交营销，做客户开发的效果还是很不错的。

这个功能精准性比较好，但是又不像在 Google 上打广告范围那么大。当然如果你预算够的话，在两者上都打广告是最好的。

图 2-65

(4) Groups（群组），通过群组界面（见图 2-66）可以查看所有群组的最新消息。

这个功能还是非常实用的，特别是你对目标客户进行分组管理后，可以统一进行区别化的管理和互动营销。我也会在后面单独出文来分享这块。

图 2-66

(5) ProFinder（兼职平台）如图 2-67 所示，它是给自由职业者/兼职者的平台。

如果你有一个项目，需要有某种技能的人来帮忙，但是你又不想雇佣他，怎么办？LinkedIn 当媒介，找兼职的人来做就行了。

如果你觉得这个功能没什么用，那你就大错特错了。

很多公司很想找对应国家的人来做当地的市场销售，但是又不知道如何操作。其实在这里就可以比较容易地找到有相应行业经验的人，只要把你的要求推送出去，有兴趣的人就会自动找上门了。

图 2-67

（6）Salary（薪资）界面如图 2-68 所示，这个功能也是很有用的。

输入城市和职位名称，就会出来该城市该职位的人的薪水中位数。而且除了基本薪水，还会告诉你他们的奖金、股票期权等信息。

有时候，我会用这个功能来查询所要联系客户的大概收入，把它作为一个参考。

当然了，中国地区还不能查询。

图 2-68

比如输入"Sales manager（销售经理）"，地点"San Francisco Bay Area（旧金山港湾区）"，显示基本工资的中位数是 9 万美元/年，见图 2-69。

当然，更详细的数据你还看不了，因为只有向系统提供过你的薪酬情况或者付费的用户才能看到。

图 2–69

详细的数据如图 2–70 所示。

图 2–70

（7）Lookup（查找）界面如图 2–71 所示，它主要是为大公司准备的。公司员工在很多情况下可以通过职称、技能和专业知识轻轻松松找到同事，和他们取得联系或更详细地了解同事。

图 2-71

其实用同样的方法也可以方便你找客户的同事圈。

你明白了吗？想一想，很简单。不管你在哪里，我都可以找到你。

（8）Slideshare（内容分享）界面如图 2-72 所示，这里主要是分享演示文稿和视频，最常见的就是 PPT。当然你还可以分享简历、市场营销报告、会议演讲稿、公司介绍和广告手册等文件。

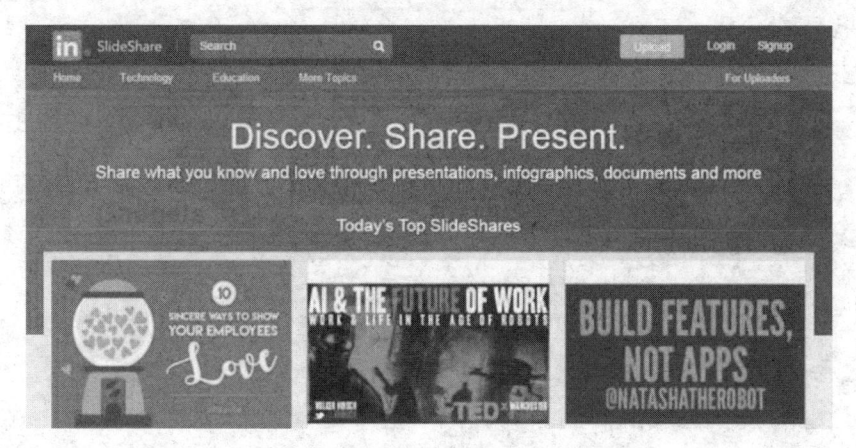

图 2-72

其实，这是块宝地。

对于社交媒体营销来说，这里是一个需要充分利用的营销入口。

很多人会在公司主页上链接一些专业的公司介绍、视频或技术资料等，然后通过谷歌的爬虫（网络爬虫是搜索引擎的组成部分，主要用来自动获取网页内容）来做 SEO 营销，这块很多国外的大公司做得非常好。

所以，除了放在公司官网，你也可以将这些内容放到这里来向客户进行展示和营销，结合社交媒体进行营销，效果很好。

二、创建公司主页的入口

在 Work 导航下拉的地方有一个选项"Geat a Company Page（创建一个公司主页）"，见图 2-73。

图 2-73

点击创建公司主页后，会进入图 2-74 所示的界面，你只需填写公司名

图 2-74

称和邮箱地址即可。后面的流程还是没变，进入你的邮箱，确认创建公司主页就可以了，见图2-75。

图2-75

公司主页的版面有所调整，结合了个人主页版面，公司名字下面增加了简要信息，在简介旁边突出了"Recent update（最新动态）"，见图2-76。内容变化不是很大。

图2-76

Part 10　改版后的 LinkedIn 一定要看懂

LinkedIn 改版了？没错。这应该是它自 2015 年以来最大的一次变化。

为什么要变？因为 LinkedIn 要赢利。怎么赢利呢？看看 Facebook 走的路子就知道：提高用户体验，增加用户数，增加用户停留时间，吸引更多广告商。

当然，这些和我们都没什么关系。我们的终极目的是通过 LinkedIn 开发客户、营销客户！所以，我们非常有必要来了解这些变化。

LinkedIn 的这次变化，可以用三个词来概括：

Cleaner，Faster，Easier！

一、Cleaner（界面更简洁）

说实话，刚看到界面变动，我还真不适应。但是磨合两天后，我觉得它还是很顺眼的！

如果你经常使用 Facebook，回头再来使用 LinkedIn 时会发现现在的 LinkedIn 界面更清爽。

详细来看下图 2-77。

图 2-77

第一，导航条终于缩成一条了。

从前的导航条是图 2-78 所示的样子。

图 2-78

现在的界面如图 2-79 所示。

图 2-79

之前是分10个选项，现在是分7个选项。分别是 Home（主页），My Network（人脉），Jobs（工作），Messaging（消息/私信），Notification（通知/提醒），Me（我自己）和搜索框。

第二，页面左侧就是你的小铭牌。通过此铭牌其他人可以一目了然掌握你的信息——多少人看了你的个人主页/文章/更新。

老版本如图2-80所示。

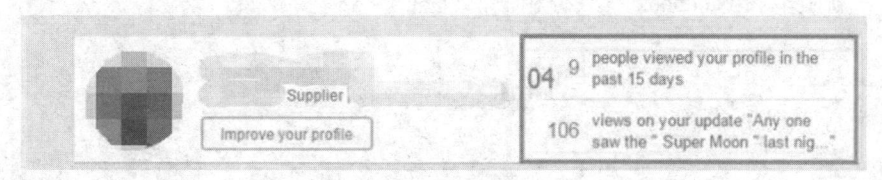

图2-80

新版本中高级用户的界面如图2-81所示。

图2-81

第三，图2-77所示页面中间顶部最显眼的区域是发布动态小白板。如此设计是鼓励你多发动态，多发文章，多发自拍。哦，不对，应该是专业产品照/公司形象照等。

老版本是图2-82所示的这个小区域。

图 2-82

新版本和Facebook有八分相似，见图2-83。

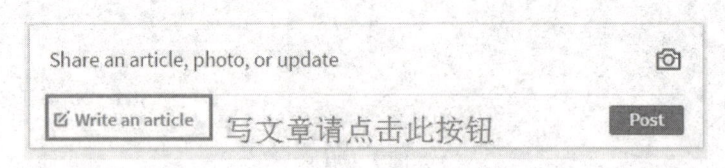

图 2-83

请注意，这里的"Write an article（写文章）"目前暂时是发布文章的唯一入口。但是如果你现在选择的是中文界面，那么连写文章这个按钮都没有。所以，选择英文界面的LinkedIn，能收获更多功能！

第四，最新动态板块。

新版本的LinkedIn中有一类消息是没有的，就是你的朋友Rose最近和Lily、Emma、Jason成为好友，你再也不知道了。

新版本将内容也做了统一规划，呈现出简洁的新闻消息和朋友动态，见图2-84。内容的变化，才是最难的部分。从长远看，也会是最有价值的部分。

图 2-84

二、Faster（沟通更快捷）

你可以和朋友发即时消息，同时新版本还自带一些基本回复用语。显示的效果如图 2–85 所示。

图 2–85

输入的端口见图 2–86。

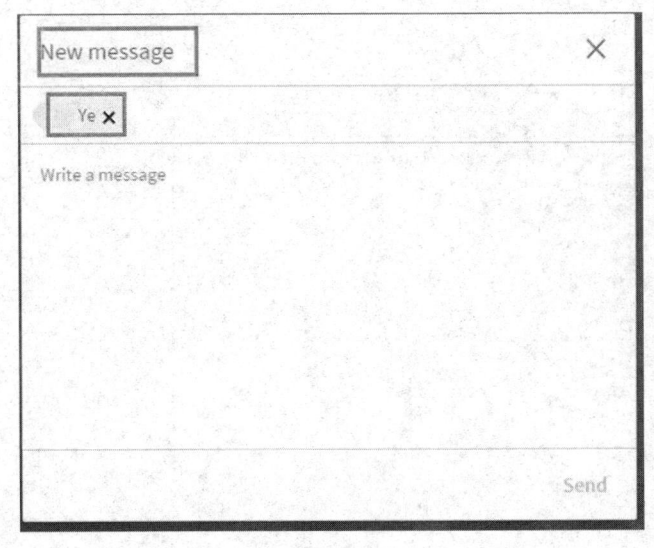

图 2–86

三、Easier（操作更简单）

说到操作，最常用的就是搜索了。搜索框也变了。新版的搜索框、新的搜索结果见图2-87。

图2-87

如果你搜索"Bill"，Connections（联系人），Jobs（工作），Posts（动态更新），Companies（公司），Groups（群组）和 Schools（学校），你可以得到在 LinkedIn 中可能出现"Bill"的地方的所有信息。

所以搜索框不再只是搜人、搜公司，还能搜工作、搜新闻，"搜你想搜"！

页面右边还有各种条件，比如联系人关系程度（1st/2nd/3rd），Keywords（关键词），Locations（地点），等等，见图2-88，助你更精准、快捷地筛选出你要找的目标。

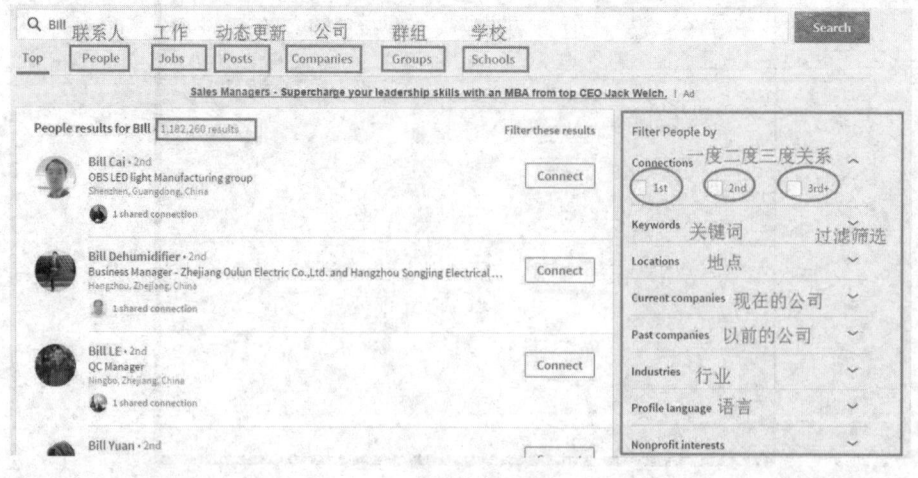

图2-88

说到这里，对大家来说最最重要的调整来了！

四、Profile（个人主页）

图 2-89 展示的是 Bill Gates 的 LinkedIn 主页。

图 2-89

开头的风格，一眼便可以看出是新时代简历的风格。

名字、公司、职位、大学、地址、个人简介。

接着是"See more（更多）"，点击下，结果如图 2-90 所示。

图 2-90

没错，个人简介 + See more 的部分就是老版本的 Summary 了。

老版本的 Summary 见图 2-91。

所以新版本，直观上只呈现部分文字，其他部分和图片需要点击"See

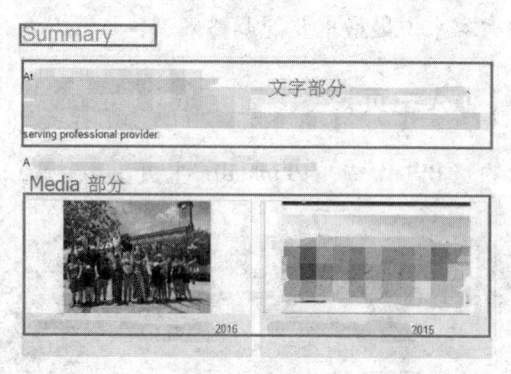

图 2-91

more"才能看到。

这样的趋势，在个人主页的后半部分，你会发现更多，见图2-92、图2-93。

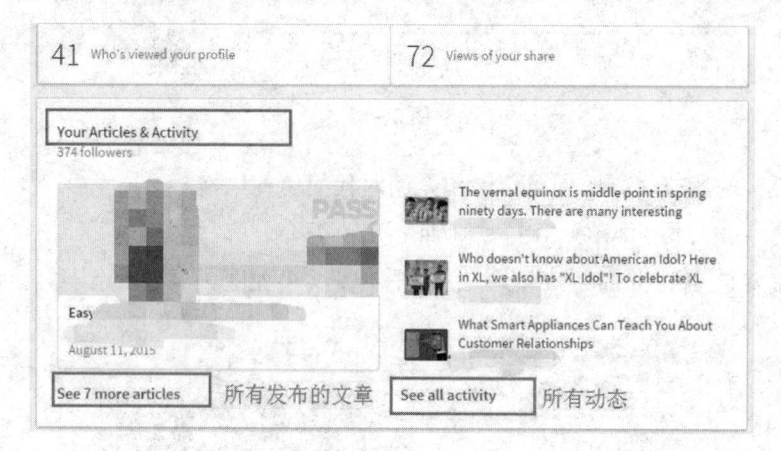

图 2-92

图 2-93

一句话，欲知详情，请点更多！

同时，你无法任意调整整个界面结构，也不能预览界面了。

不过在右侧你会看到一个"Edit your public profile（编辑你的对外公众主页）"，见图2-94，这个界面只是针对非LinkedIn用户。

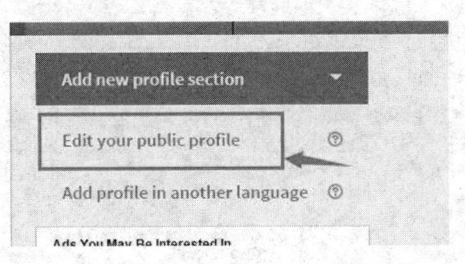

图2-94

新的界面旨在告诉你，个人主页就是要简洁、简洁、更简洁！

影响就是想利用个人主页达到营销目的，很难！

五、Connection

另一个重要变化联系人页面变了。

点击导航栏的"My Network（我的联络网）"，看到最新的联系人界面，见图2-95。页面左侧直接显示目前的联系人总数，中间是收到的联系人请求和可能认识的人。

图2-95

点击查看总联系人人数下面的"See all（看全部）"，进入所有联系人的界面。你会发现，该界面没有了老版本的分组功能，只有Message（发送信息）功能，见图 2-96。

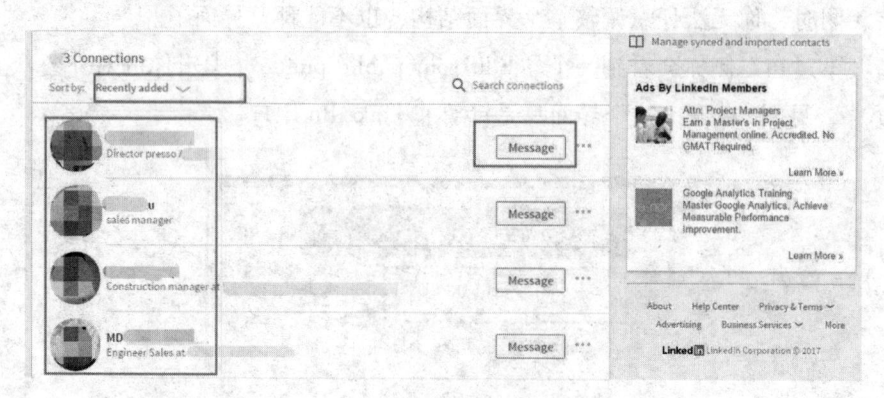

图 2-96

老版本的分组功能，见图 2-97。

图 2-97

总结：通过联系人界面定时、精准营销，这项功能已经一去不复返。那怎么办？积累和转化联系人到自己的营销工具上。

LinkedIn 改版了，你的浏览器也该升级了，不然会非常卡。

第三章
谷歌SEO那些事儿

Part 1 谷歌 SEO，只是看上去比较美

谷歌 SEO 真的有那么神奇吗？
真的很容易运营？
真的可以轻易排到首页？
真的可以轻易逮到客户？
作为一名有着十三年谷歌操作经验的老手，我要好好地和你聊聊。

一、SEO 是什么

SEO，"搜索引擎优化"，英文 Search Engine Optimization 的缩写，是指从自然搜索结果获得网站流量的技术和过程，是在了解搜索引擎自然排名机制的基础上，对网站进行内部及外部的调整优化，改进网站在搜索引擎中的关键词自然排名，获得更多流量，从而达成网站销售及品牌建设的目标及用途。

说白点，就是把你网站弄得尽可能符合谷歌、百度等的搜索规则，然后让自己网站的排名比不符合规则的网站排名靠前一些。

但是，真的只符合规则就够了吗？

二、产品还是最重要的

谷歌也好，百度也好，都是给谁服务的？给所有寻找答案的人，也就是它们的客户。

如果你不能提供有吸引力的内容，你的网站对客户没有价值，客户不点开你的网站，不浏览你的网页，不买你的产品，搜索引擎里就没有你的网站曝光、点击、停留、购买等数据的积累。那么，你就不可能排在别人的前面。

打个比方，你在闹市区租了个位置极佳的店面卖衣服。门面装修弄得再好，衣服档次很低，客户在门口看一眼就离开了。街上店面没人进起码还有位置在；网络世界没人进来，你的排名就靠后，让有人进的店移到前面来。

有人问我可否通过作弊的方法提升曝光率，我告诉你，那只是一时之计。一旦被谷歌逮到，万劫不复。靠投机取巧是永远不可能成功的。

SEO 从直观上来看是要你打造符合谷歌、百度、淘宝、天猫搜索规则的网站，可是从更深层次来说，它还是让你干好老本行，做让客户喜欢的产品、内容或服务。让客户喜欢，吸引客户进店消费。越多越好，越久越好。

那么，如何让客户喜欢？首先，你的产品于他而言有价值。他为什么进你的店而不是别家？要么喜欢你的装修，要么喜欢你的产品，要么喜欢你的资讯，要么喜欢你这个"老板"。反正，你的网站于他而言总有有价值的一面。

开店投资，做生意赚钱。顾客喜欢你的装修、说话风格……虽然会令你开心，但是不能带来利润。顾客喜欢你的产品，掏钱买，那才是你要的。最重要的是产品。

三、内容为王

一个网站，架构也好、布局也好、页面也好、资讯也好、图片也好，都是围绕产品设定，为营销产品服务的。

有人说做好内容是为了提升品牌形象。提升品牌形象不就是为了产品好卖吗！所以，做 SEO 你一定要清醒地意识到，你能不能持续性地提供好的内容才是第一位的。

这些内容包括产品、软文、视频等。记住，你做许多事要具有持续性。不是今天明天，而是日日月月年年。记住，好内容不是随便复制，而是原创精选，而且必须与自己产品息息相关。

说到复制，你挺擅长，老外也擅长，只是不做。说到原创，你不擅长，老外也不擅长，只是他们去做。其实这个做起来真的挺难的。

好比在公众号上写文章，你看到一篇好文章，不会关注这个公众号。你要看到篇篇好，才会关注。哪天公众号不更新了，你就走了。

四、做 SEO 是个系统工程

做 SEO 是个系统性工程，绝非你想的那般简单。

有些大公司往往要集一个公司之力才做得好。国外那么多网站，做得好的也就那么几个，都是些行业领跑企业，上网一搜就知道。

可是你要知道，人家投入的资源、精力、财力、物力和耐力，是你我都难以想象的。人家是兢兢业业，一砖一瓦叠起来的。

市场部干什么？就干这个。

当然，如果你只是为了做个 SEO 网站而做 SEO，那就跳过吧，这篇文章对你一点用没有。每个人的目的不同，收获也不同。

所以说，在没想明白自己能提供什么样的产品和服务，自己有哪些优势，可以提供什么有价值的产品和内容之前，讲 SEO 营销不切实际。

这个和做网站的真没什么关系。你可以找全世界最好的 SEO 高手帮你做网站，但是那又怎样呢？如果里面的内容没有价值，依旧是无用功。

你不能怪做网站的，不能怪搞 SEO 优化的。因为，他们可以解决技术层面的问题，但永远不能解决内容的问题。

Part 2　外贸天下，从谷歌地图和翻译开始

其实每天都有许多人和我说："土司，分享下谷歌客户开发和运营吧，我们公司既不参加展会又没平台，不用谷歌真的没活路了。"

但我一直没写。当然我不写不是因为对谷歌没感情。看过我的直播《外土司的外贸十二年》的土友肯定都知道，我做谷歌和做阿里巴巴的时间一样长，到目前已经十三年了。规则千万变化，我多少还是有些经验和心得的。没写是因为我并不太认同从谷歌上搜索客户写开发信的思路。我还是认为开发客户的最好方法是练好内功，做好自己，最大化利用好手头的资源，吸引客户来找我们。比如展会、电商平台、主网，比如社交平台、老客户资源等。如果这些做好了还是不行，再去谷歌上开发客户。因为谷歌信息量实在太大，没有好的方法，实在无异于大海捞针，效率太低了。

只是，一点资源都没有的人还真是挺多的。就如同当年刚做外贸的我。想到这些，我觉得还是应该分享谷歌客户开发和运营的经验和技巧，让初入行者少走点弯路。

那么就开始吧。按惯例，我喜欢系统性地来分享一个主题。从点到面，这样更方便理解，也更方便实操。这种方法虽然会慢一点，但是你学起来就更全面一些。

今天第一篇，我来分享比较轻松的几点。

谷歌可不仅仅是搜索，它涵盖 32 个不同的应用。比如网页搜索、Chrome 浏览器、书签、地图、移动版搜索、图书、新闻、Gmail 邮箱、趋势、学术搜索、翻译、地图、Google+，等等，见图 3-1、图 3-2。

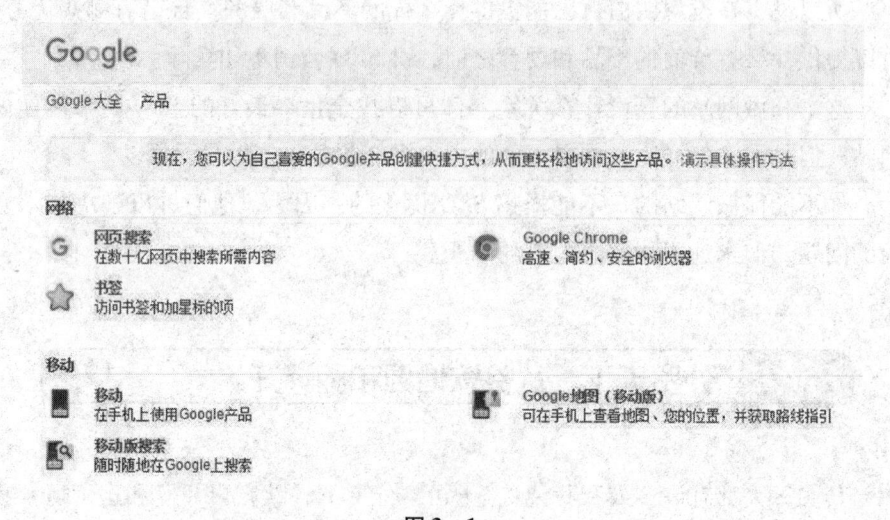

图 3-1

别看上面一大堆，最常用的就两个——谷歌搜索和谷歌地图。

先讲这个谷歌地图，因为我自己也非常喜欢用它来"挖客户老巢"，用这个地图可以搜客户的办公地址、厂房、具体位置、周边交通和风景，偶尔还可以搜下客户开什么车，等等。这些信息第一可以验证客户的真实性，第二可以评估客户的实际规模和辐射市场。

谷歌地图，分两个版本。一个是国内版，直接输入"http：//www.google.cn/maps/"。还有一个是国际版，就是我们常输入的这个"http：//www.google.com"，它们之间是有很多区别的。

在两个版本中搜索下宁波，你可以看到，城市介绍是不一样的。在国际版上，你可以找到宁波的街景图片，在国内版上就没有。

所以如果你以为我要讲的是国内版的谷歌，那么不好意思，请你跳过这一节。

很多人在谷歌输入客户地址后都能找到客户的位置，但是如果要看到具体的街景或厂景，就需要用到小黄人了。

第三章 谷歌SEO那些事儿

企业

Google Apps for Work
为您的企业提供电子邮件、文档、存储空间等各种定制产品和服务

AdSense
马上在线创收

AdMob
通过您的应用获利

媒体

Google图书
搜索图书全文

图片搜索
在网络上搜索图片

新闻
搜索数以千计的新闻报道

视频搜索
在网络上搜索视频

地理

Google地图
查看地图和路线

Google地球
通过小小的计算机探索整个世界

专业搜索

自定义搜索
打造您社区自己的搜索体验

学术搜索
搜索学术论文

Google趋势
探索过去和现在的搜索趋势

家用与办公

Gmail
电子邮件可快速访问并能搜索,垃圾电子邮件防护机制非常高效

云端硬盘
在同一位置创建、共享和保存您的所有文件和资料

Google文档
打开、修改和创建文档

表格
打开、修改和创建电子表格

幻灯片
打开、修改和创建幻灯片

Google表单
免费制作调查问卷

Google绘图
创建各种图表和流程图

协作平台
创建网站和安全的群组Wiki

Google日历
合理安排日程活动并与朋友分享

Google翻译
即时翻译50多种语言的文字、网页和文件

环聊
象现实生活中那样随时随地面对面聊天,而且免费

社交

Google+
如现实生活中一样分享,颠覆您以往的网络观念

Blogger
通过博客在线分享生活点滴·快捷、简单且免费

网上论坛
创建邮寄列表和讨论群组

图3-2

在图3-3所示地图的右下角有个黄色的小人图标——。鼠标点击小黄人,移动它,只要是有人曾经提供过照片,或者谷歌街景车扫过,你都可以

以小黄人的视角看到一切。

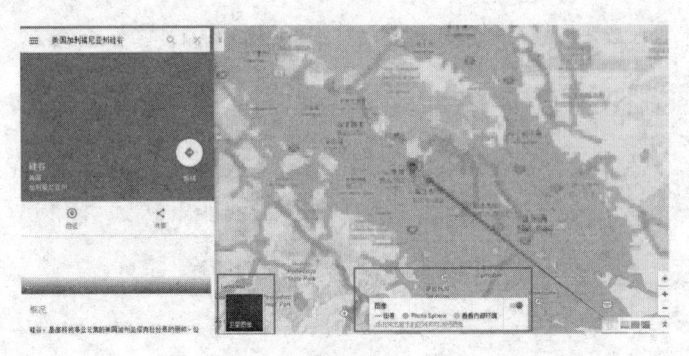

图 3-3

比如图 3-4 所示的这个瀑布。

图 3-4

比如图 3-5 所示的这个街景,然后,你还可以 360 度旋转,全方位查看目标地点周边的景象。

图 3-5

一方面它可以帮助你了解现有客户,另一方面也可以帮助你开发新的客户。例如,如果你的产品是小五金,那你可以直接在地图上搜搜这块区域有哪些五金店,直接在地图上输入"hardware in Washington,MI"。

然后跳出来一堆与关键词匹配的地点,见图3-6。你选择其中一家,如"Great Lakes Ace Hardware",点击后如图3-7所示,你不仅可以看到地址、电话,还有网址"acehardware.com"。对于业务员,这些都是宝!

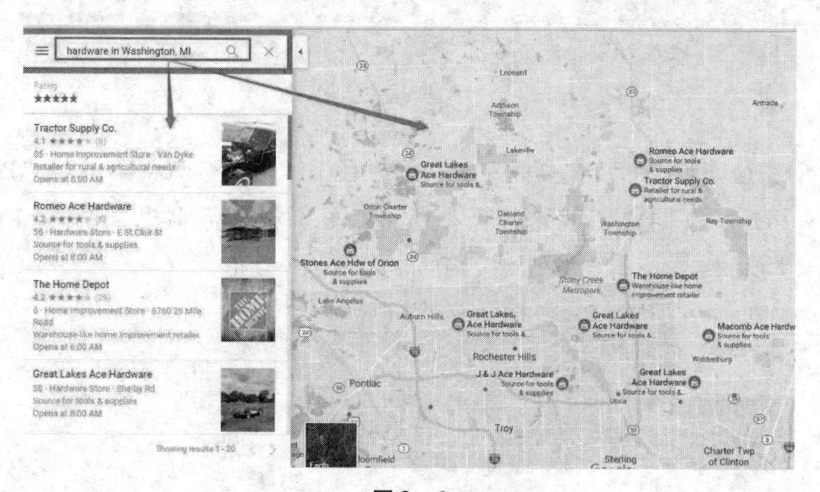

图3-6

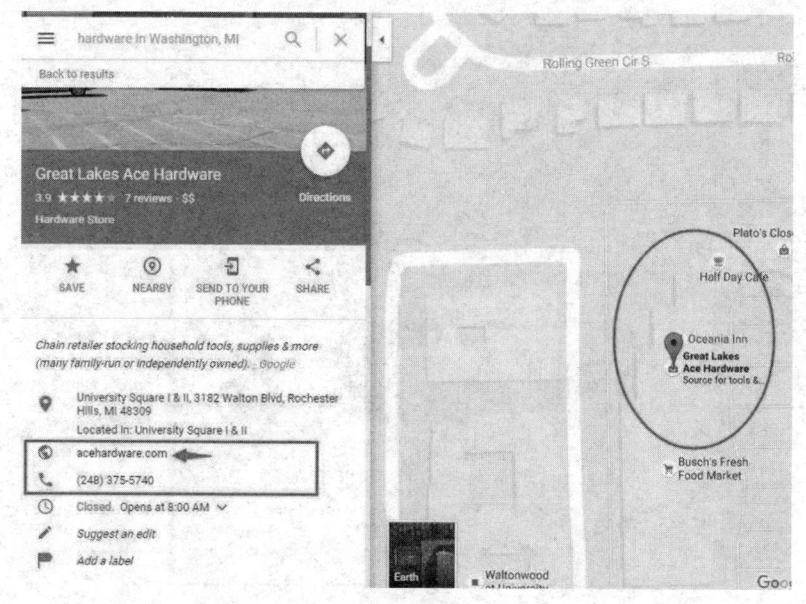

图3-7

接着用小黄人,来看看客户门口什么样,如图3-8所示。

图3-8

看完这家店以后,在页面左侧边的栏目下面,还会有一个推荐"People also search for(同样搜索此店的人)",见图3-9。顾名思义就是和Great Lakes类似的店,它有点类似淘宝网的"找相似"功能。

图3-9

点开看下"View more（浏览更多）"。你会发现很多刚才搜索结果中没有的信息，见图3-10，这下可以一网打尽了。

图 3-10

谷歌地图，今天就分享这点，后续我们再慢慢地往下挖，会有很多惊喜。

这里还要顺便提下谷歌翻译，"http：//translate.google.cn/"，这个网页你可以直接用，但是，如果你想要翻译整个网页，还是要用国际版。很多老板和业务员都是这么干的。

英语不好、俄语不好、西班牙语不会说，没有关系。一个谷歌翻译软件，照样打天下，见图3-11。比如我们有个业务员，知道谷歌翻译后，做的第一件事就是把Best Regards全部翻译成几个主要语种语言，然后插在邮件签名里。

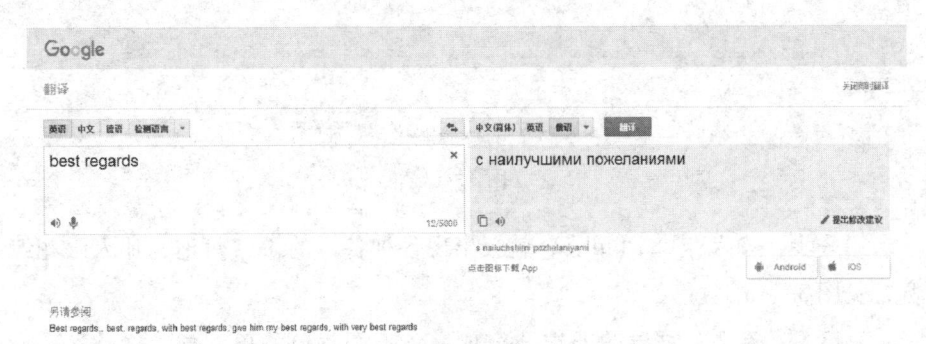

图 3-11

FreundlicheGrüße（德语）

i migliorisaluti（意大利语）

с Наипучшими пожепаниями（俄语）

Z poważaniem（波兰语）

……

有些客户一看，就感觉亲切起来，就像我们看到有些老外的邮件签名里标着"顺祝"一样。

Part 3　谷歌客户开发之遁图神技

接下来我们继续来聊谷歌客户开发，我准备了三十六招。

这里要分享的是：遁图神技。

什么叫遁图神技？用白话说就是通过图片搜索到对口客户。

当然，除此之外，还能得到很多其他的收获，比如收集市场信息、产品信息、关键词，等等。

一、细分条

先进入谷歌搜索页面，如图3－12所示。

图3－12

第一步，输入"Led Bulb"，就会出现各种各样的 Led 灯泡，让人眼花缭乱，见图3－13。

往下看，在图片结果的上端会出现一条不同颜色的单词条，这是谷歌推荐的筛选细分类目。

图 3-13

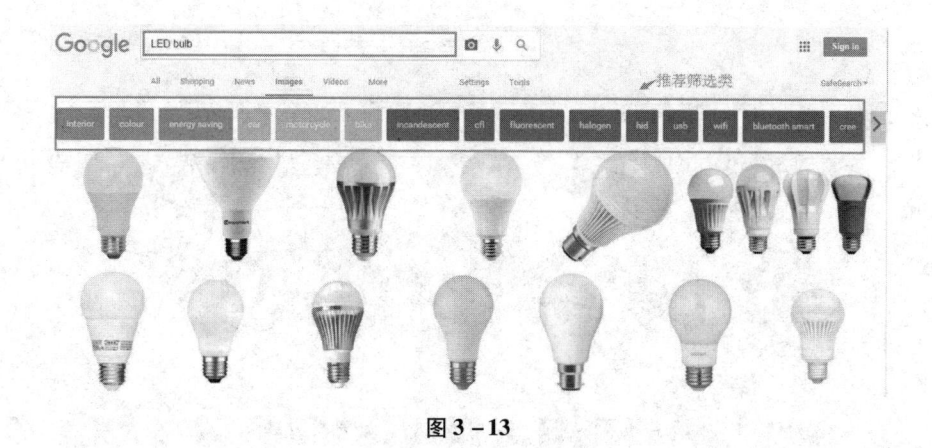

Interior，color，energy saving，底色为绿色条块；

car，motorcycle，bike，底色为蓝色条块；

green，yellow，blue，red，底色为绿色条块；

China，sri Lanka，Pakistan，底色为蓝色条块。

一直到 brake，battery，dome light，brake light 总共出现了 66 个单词条。

这些细分词，是基于全球的搜索频率统计分析出来的高频词。谷歌将相似的细分词用同颜色的底色分好。

所以一不小心，你就能从中发现和收集到之前根本没有留意到的新的产品描述词、应用词、性能词，甚至客户名字，等等。

我们再来试试搜索"motor"这个词，结果只出现 19 个细分词，见图 3-14。

不同关键词的搜索结果，出现的细分词推荐数是不同的。搜索热度也各不相同。所以说，产品如何，一验就可以验出来。

第二步，回到"Led Blub"搜索结果页面，再点击细分词：Pakistan，出现图 3-15 所示页面。

你会发现同样又有新的细分词推荐，我姑且叫它二级细分词。

sri lanka，orient；

osaka，talagang；

lifi，solar；

philips，cree，ikea，gree；

图 3 – 14

图 3 – 15

led street light。

在这里，你可以收集到不少市场信息。

比如比较受欢迎的品牌、主要竞争对手、热门品类和产品，等等。

二、View Image（访问图片）

继续来看看结果页的产品图片。

点开产品图片之前，把鼠标移到任意一张图片上，就会显示这张图片的尺寸大小和来源网站，见图3-16、图3-17。

图3-16

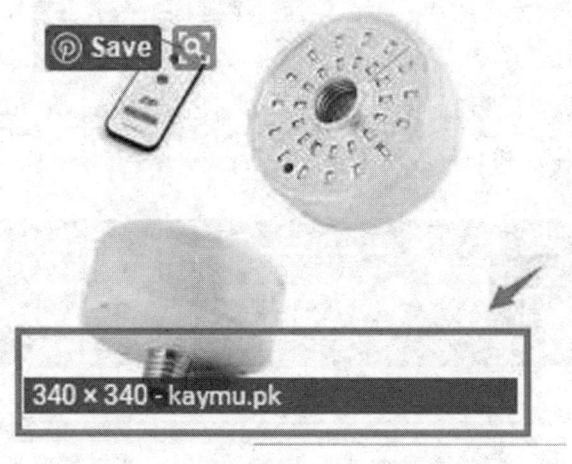

图3-17

快速过一遍，你就能发现哪些网站的图被谷歌收录的最多，这里包含了很多的销售商和批发商，被收录图片越多的公司显然运营能力越突出。

点开图片，来看细节，见图3-18。

（1）图片的右侧上半部分是这张图片被抓取来的关键词"The bright lights: Sluggish demand for LED lights due to high cost"。

技巧点：这条关键词条如果你没有使用过，这个时候就可以收藏了，方便日后发布和使用。

（2）关键词下面紧跟着图片来源的公司，不是公司名的则显示网址名。

图 3 – 18

技巧点：很多潜在客户的信息已经出现了。收集好，下次统一处理。

（3）再下面是产品的图片名称。记得，有命名的图片才会显示。

技巧点：下次发布图片一定记得通过关键词来命名，这样无论什么时候客户都会搜到你。

再往下，有三个按钮，见图 3 – 19。分别是 Visit page（访问网页），View image（访问图片）和 Share（分享）。

图 3 – 19

View image 可能经常会被忽略，点击它之后，能直接看到图片，不需要通过网页再来找图片，方便快捷，见图 3 – 20。另外对比从网页打开图片再保存图片，通过 View image 来保存图片，尺寸大，像素更高，更方便编辑，见图 3 – 21。

三、八宫格

细节页面的最后，是八宫格的 Related images（相关图片）推荐。

这里推荐给你的都是和该图有一定相关性的图片。

技巧点：如果你找到一张直接含有客户联系方式的图片时，见图 3 – 22，你的目标客户就直接展示在你面前了。

图 3 – 20

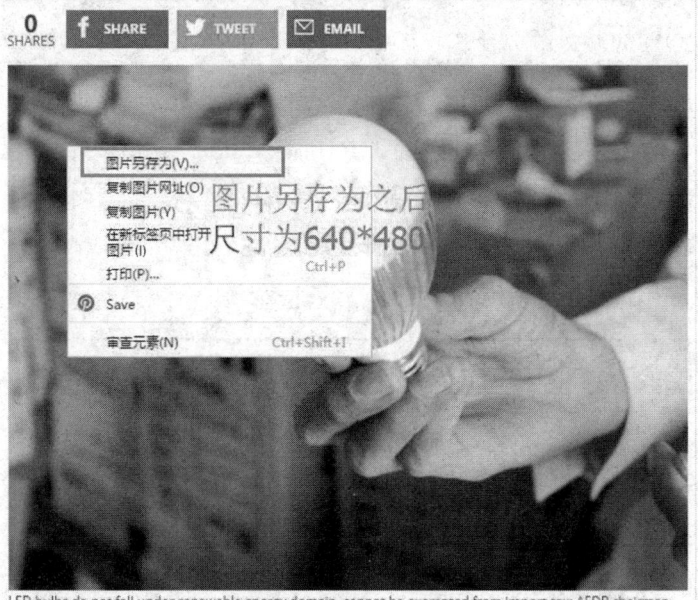

图 3 – 21

图 3-22

技巧点：再点击图 3-22 中的 "View more"，你便可以更快找到不少类似的目标客户。

如图 3-23 所示。

图 3-23

谷歌客户开发之遁图神技就先分享到这里。

抓紧去试吧，试完我们继续往下看。

Part 4　谷歌客户开发之图中图神技

图中图神技指的是什么意思呢？就是通过图片中的图片来找到客户信息、竞争对手信息、关键词信息、行业信息，等等，进而成功进行客户开发。

一、图片锁定

使用谷歌图片功能的时候，除了可以搜索关键词，直接用图片搜索也是可以的，见图3-24，这就是这篇文章的精华所在。

图 3-24

点击搜索框旁边的照相机按钮，上传一张你想找的图片。在这里随便用一张Bulb（灯泡）的图片，命名为"bulb"，上传。

谷歌自动通过图片分析，生成最匹配的关键词"evolution of the light bulb"，见图3-25。

图 3-25

以后要是有不认识的图片，就先放到谷歌图片里试试，就可以立马见分晓了。

二、图片挖宝

再往下拉，有两个非常重要的选项，Visually similar images（查看类似图片）：就是从一张图，找到了更多类似的图；Pages that include matching images（包含类似图片的网站）：所有出现这张图的网站都能找到，见图3-26。

图3-26

技巧点：

假如某一天客户给了你一张他现在使用的产品图，你不知道谁做的，通过搜索找到类似图片，就可以一下子牵出一堆有精准数据的信息来。

这些信息可以包括哪些内容？

（1）潜在客户，包括批发商/零售商/生产商；

（2）竞争对手，包括国内/国际工厂和国内贸易商；

（3）相关产品信息，比如产品说明、销售价格等。

三、图片实操

举一个例子，客户提供了一张风机的照片，像素非常低，有标签但是看不清，如图 3-27 所示。

图 3-27

（一）第一步，上传图片

原有图片的名称为 product 1。

（1）谷歌识别后，判断图片中的内容最佳匹配关键词是"Wood stove blower fan"。

技巧点：

收集和记录关键词"Wood stove blower fan"。

（2）往下看排名第一和第二的搜索结果，见图 3-28。

第一结果是：

"Blowers and Fans ｜ WoodlandDirect. com < br >：Fireplace Accessories

www. woodlanddirect. com/Fireplace – Accessories/Blowers – and – Fans

Greatly improve the efficiency of your fireplace by installing one of these wood burning fireplace blowers. This accessory takes the heat energy created by the..."

看看，好东西来了。

技巧点：

标题部分，"Fireplace Accessories"，有用。说明该风机可能在产品分类时归属壁炉零配件这一个细分类目。

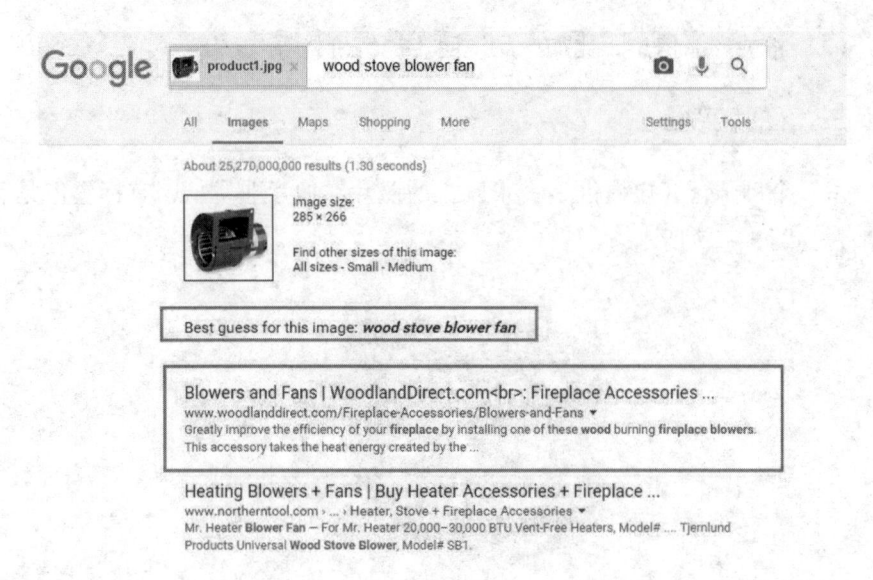

图 3 – 28

点进网址，进行验证，看这个产品是否存在。

验证后有两种结果。

第一种，存在。

行动点一：

收集关键词"Fireplace Accessories"。

行动点二：

在产品分类表中添加"Fireplace Accessories"，作为以后搜索潜在目标客户网站的工具。

第二种，不存在。

重新在谷歌中输入"Fireplace Accessories Blowers Fans"进行验证。

同样方法验证第二个结果。

（二）第二步，查看类似图片

查看类似图片的结果如图 3 – 29 所示，恰巧第一个就是我们要找的产品。

点击进入类似图片。搜索结果的前两排就有 3 个同款产品的图片，其中两个还显示了不同价格，但都来自同一家名为"Electric motor warehouse"的公司，见图 3 – 30。

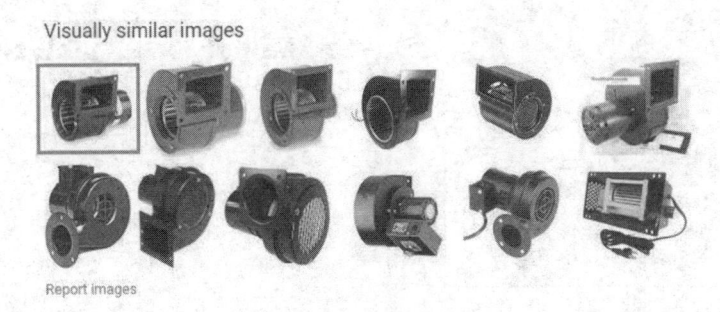

图 3 – 29

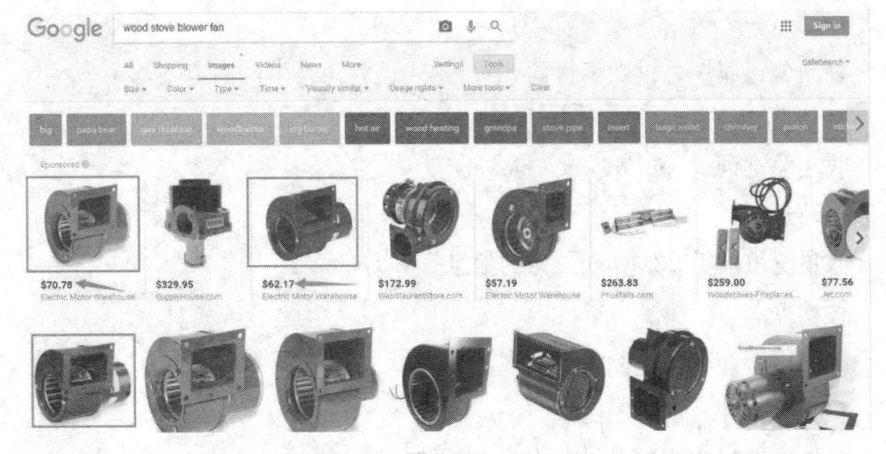

图 3 – 30

点击第一张图片进入网页,见图 3 – 31。

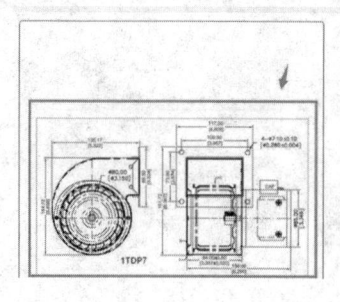

**Dayton Model 1TDP7 Blower
146 CFM 3100 RPM 115V
60/50hz (4C446)**

Part #
1TDP7

Manufacturer
Dayton

Weight
5.00 LBS

Shipping
Free Shipping

图 3-31

行动点一：

判断公司属性是批发零售商、贸易/代理商还是生产商。

行动点二：

收集关键词"Squirrel cage blowers"。

行动点三：

收集竞争对手，Dayton 公司的信息。

行动点四：

收集价格，Dayton 美国市场 4C446 型号售价 $70.78。

行动点五：

收集图纸，Dayton 美国市场 4C446 型号的图纸。

单个页面信息搜集就到这里。

（三）第三步，查看存在图 3-32 中所示产品的网页

首先看到第一页的搜索结果里面有四个结果来自 eBay，见图 3-32。

图中最后一个产品，"Fasco Blower"，吸引我的注意。

点开后如图 3-33 所示，大家可以发现"Dayton Fasco"同时出现在标题里面，这说明 Fasco 也在做同款产品。

行动点：

收集又一个品牌生产商。

继续打开其他 eBay 网页，见图 3-34。

通过此页面你可以收获新名词"Central Boiler Wood Furnace Draft Fan Blower For E-Classic Fasco 702110411"和价格 $97.89。

eBay 这个页面看完，我们回到图 3-32 中间的链接，如图 3-35 所示。

图 3－32

图 3－33

　　此链接中标题"Outdoor Wood Furnace Parts""Outside Wood Boiler accessories"同样需要作为新的名词保存下来。

　　进入此网页后，如图 3－36 所示。

　　你看到网页左上角的 Youtube，Facebook 这些图标了吗，点进去惊喜就在等着你！

图 3 – 34

图 3 – 35

图 3 – 36

行动点：

如果目标公司有 Facebook 等公共主页，你要立刻关注！

第四章
阿里巴巴运营那些事儿

Part 1　未来五年阿里巴巴要这么玩，认真看

最近，许多人抱怨阿里巴巴变化太快。今天出个政策，明天就调整，搞得许多业务员天天抱怨："老板，你把我开除了吧，你是请我来做业务的，还做阿里巴巴的啊。"老板们常常无言以对。

可是做老板也苦啊。你说跟着阿里巴巴的政策调整操作方法吧，又跟不上。你说不调整吧，白花花的银子都花了，还指望找到两个客户回回本呢。

阿里巴巴的规则的确在变，而且是极速地变。2015年8月我就写过一篇文章《外土司深度剖析阿里巴巴2015年运营战略及2016年趋势》分析阿里巴巴的未来走向，我说，阿里巴巴是没有选择的，不变就要"死"。

那接下来阿里巴巴会怎么变，朝哪儿变？了解清楚后我们也好提前准备，要么跟着变，要么放弃阿里巴巴这个平台。

所以，我决定了，我要出绝招，把我的心得分享给大家，这样你就知道未来五年阿里巴巴国际站的变化趋势了。

一、阿里巴巴信保相当于淘宝、天猫保证金制度

现在阿里巴巴天天推信保（信用保障服务，Trade Assurance），信保其实就相当于淘宝、天猫的保证金制度，它是给买家的一个保障。

天猫卖家目前的保证金是6万元人民币，如果客户买这家店的东西发生问题，而卖家又不肯退钱给客户，那天猫就先赔给客户，然后它从卖家保证金里扣除这个金额。阿里巴巴国际的信保和天猫一样，如果买卖双方发生纠纷，阿里巴巴判定买家有理，就会退款给客户，然后向卖家要钱。

为什么阿里巴巴不像天猫一样收保证金呢？因为条件还不成熟，没人愿意交。

那阿里巴巴会不会要不到这个钱？不会的。首先，你的信保额度是根据你在一达通的交易额给的，你要是不通过它交易，保证金额度就很低很低。其次，你还交了29 800元人民币的会员费，不给保证金难道你的网站不想做了？

二、阿里巴巴 P4P 相当于淘宝直通车

国际站的 P4P（全称 Pay for Performance，按效果付费，阿里巴巴国际站的 P4P 也被大家称为直通车）就是淘宝、天猫的直通车，功用是一模一样的。现在的国际站有秒杀和顶级展位，以后都会取消，和天猫一样。

淘宝、天猫的竞价排名是暗竞，就是我们看不到对方出价，而国际站竞价是可以看到对方出价的，这个以后也会取消。

三、阿里巴巴一达通相当于支付宝

很多人不明白为什么阿里巴巴这么拼命推一达通，那是因为一达通就相当于支付宝。

在淘宝、天猫交易体系里，没有支付宝这个支付工具，那就瘫痪了。而一达通的作用就是阿里巴巴的国际版支付宝，国外买家把美元打进阿里巴巴账户，然后阿里巴巴结算成人民币，再打给卖家。

国内贸易不需要报关，而国际贸易需要，所以一达通增加了报关功能。在国内支付宝与各大物流公司合作。所以，一达通也进入了货代领域。

一达通是非常厉害的，所有的资金、交易和流转数据都可以通过一达通收集。

四、结算宝 VS 余额宝

阿里巴巴推出的国际站结算宝其实就相当于余额宝。

无论是天猫、淘宝，还是支付宝用户，存在账户里的钱都是可以获得额外利息收益的。现在有了结算宝你在一达通里的资金也是可以享受利息收益的。

五、一达通流水贷 VS 天猫授信贷款

一达通流水贷就相当于天猫的授信贷款。

天猫会根据卖家的交易额、信用情况给予卖家一个授信额度，也就是贷款额度，卖家可以申请这个额度内的贷款，用来周转或安排生产。

而阿里巴巴一达通流水贷也是一样的作用。它是根据卖家半年内在一达

通走货的金额来决定卖家的贷款额度,每出口 1 美元可以授信 1 元人民币,你半年走了 100 万美元货物,那么你的流水贷额度是 100 万元人民币。

六、企业信用分 VS 芝麻信用分

阿里巴巴国际站上线的企业信用分和支付宝的芝麻信用分是一样的。

芝麻信用分是根据你日常在淘宝、天猫上的交易数据积累来的,现在扩展到了支付宝涉及的所有领域,比如水电费缴纳等。你的诚信记录越好,信用分就越高,你的信用就越好。

阿里巴巴国际的企业信用分也是一样,它根据你在一达通的交易数据来评判,甚至它还会绑定法定代表人个人的支付宝芝麻信用分。你成交的金额越大,时间越久,诚信度越好,分数就越高。

当然,信用高,贷款授信的额度也会越高。

七、阿里巴巴未来五年发展趋势

看完这些,别告诉我你还猜不出阿里巴巴国际站未来的走势。

一句话,阿里巴巴国际站正在天猫化!也就是说,国际站未来的发展方向和规则变化就是向现在的天猫转型。因为目前天猫、淘宝的整个交易体系已经被充分证明是成功、成熟的,而且可以获得利益最大化。况且,国际站的技术团队和天猫、淘宝的技术团队是同一群人。

所以,对我们来说,以后的阿里巴巴国际站的操作只要参照天猫的规则和生态体系就不会错。

为什么?因为跨境交易比国内交易更复杂,搭建整个闭环生态系统更需要时间。而且在我看来,阿里巴巴做得晚了点,如果 2010 年阿里巴巴控股一达通就开始推行改革,现在差不多都完成了。

因此,根据国际站天猫化的趋势,我们就可以对未来做些猜想。

(1) 29 800 元/年的基础会员费会取消,取而代之的是服务费。天猫目前的服务费是 3 万元/年,但它可以根据卖家交易额的多少退还。

(2) 入驻有最低的交易额要求。天猫目前根据品类不同有不同的年销售额要求,如果卖家没达到,那么服务费是不退的。

(3) 根据交易额进行扣点。有人会说,服务费退还了,阿里巴巴赚什么钱？事实上，阿里巴巴会根据卖家的交易额进行扣点，目前天猫的扣点比率是2%，就是卖家销售100元人民币天猫提2元人民币。如果扣点的钱达到3万元人民币/年，那服务费就退给卖家了。现在一达通只是收取人民币2分/美元的代理费。

（4）需要缴纳保证金。因为没有会员费，扣点又要按交易额来算，那一达通如何约束卖家以保障买家权益呢？和天猫一样，卖家缴纳保证金，出问题了从里面扣。

（5）P4P会更强大。目前天猫、淘宝的直通车是很厉害的，因为阿里巴巴收购了很多国内网站，然后做站外推广和数据分析营销，以后国际站也一样，会开展更加精准的营销。

Part 2 还要不要用阿里巴巴营销

陆陆续续有人问我，还要不要做阿里巴巴？我印象中，这个问题从阿里巴巴开始出现就没停止讨论过，年年有人问，转眼过了十五年。在此期间外贸大势几沉几浮，有些人乘风破浪，势头更劲；有些人，历经沧桑，铩羽而归，销声匿迹。但总的来说，破浪者居多，因为他们乘了东风之便。

而如今，外贸形势早已今非昔比，在这样的情况下阿里巴巴还要不要做？有没有价值做？怎么做？

我非阿里巴巴故人，亦非阿里巴巴敌手，更非阿里巴巴员工，这里只客观地阐述我的看法。

一、哪些公司不做阿里巴巴营销

我们先来看看有哪些公司是不做阿里巴巴的。

（一）行业领头企业

这些年我搜阿里巴巴网站变成了一种习惯，公司采购配件也好，了解竞争对手也好，都会去搜搜。我发现有一些耳熟能详的行业龙头企业在阿里巴巴上是很难搜到的。想一想其原因也很简单，领头企业的交易量和知名度摆在那儿，世人皆知，销售渠道已自成一路，自然是没有必要上阿里巴巴的。

（二）生意稳定的企业

还有一类公司在阿里巴巴网站上是找不到的，因为它们在多年的经营中打下了良好的基础，公司客户、生意已经很稳定，老板也不想继续扩大规模，徒增风险。这类公司只专注于满足老客户的需求，随老客户一同成长。对于开拓新市场和新业务，没有计划和愿望，自然也不会有更多的营销预算。

（三）有独特竞争力的企业

有独特竞争力的公司可以称之为"独狼"，因为产品具有独特的竞争力，可能拥有新技术，可能开发了一个新市场，也可能是行业进入门槛很高，基本属于卖方市场。这类公司连找上门的生意都来不及做，自然不需要做市场开拓。

（四）以展会为主开发客户的企业

我身边有很多这样的公司，以展会为主开发客户。它们一直习惯从展会获取信息和客户，也充分信任展会的效果，反而对网络效果有所质疑，所以它们一直只通过展会开发客户。这类公司的老板一般都有展会情结，也都有以前的业务积累，可以承受展会的预算，不愿意开辟网络渠道。

（五）认为阿里巴巴效果不好的企业

这种公司估计很多，之前做过阿里巴巴，后来觉得效果不好退出的。

现在我们可以对照下，如果你没做阿里巴巴，你的公司属于哪一种企业。

回过头来，我们再看看哪些公司在做阿里巴巴。

我总结后发现只有希望可以快速提升业绩的公司在做阿里巴巴。这里面包括了大部分贸易公司、大部分 SOHO、大部分中小型工厂，它们面临的一个共同问题便是生存。

这些企业没有多少核心竞争力，但是它们解决了大部分人的就业。可是对阿里巴巴抱怨最多的也是这类公司，因为钱花得实在心疼。

二、除了阿里巴巴有哪些营销渠道

假如你就在这类公司,除了阿里巴巴之外,能不能找到更好的选择,投入更低、见效更快的营销渠道,我们来对比一下。

(一) 展会

展会的效果相对来说更直接,但有个致命的问题就是预算太高。不管你去国内还是国外参展,走一趟少则人民币五六万元,多则十几万元。对于追求最大性价比的中小企业来说这实在难以负担。况且,现在展会受互联网冲击太大,效果一年不如一年,企业想去也无太大把握。

相比阿里巴巴,展会在成本上没优势,效果也一样不可预料。

(二) 谷歌 SEO (Search Engine Optimization,搜索引擎优化)

说实话,这些年我在 SEO 上花了不少心思,交了不少学费。总结一条就是,SEO 是比阿里巴巴运营难得多,远不是做个符合 SEO 规则的网站就可以了。而且,国内做 SEO 的水平实在一般,专业的人太少,收费又高得吓人。SEO 方面也很少有好的培训,不像关于阿里巴巴运营,到处都可以"取经"。

当然,你也可以花钱买排名,按点击付费,不过这点击比阿里巴巴的直通车付费点击更让人接受不了。还有一点就是,SEO 即使真的运营得很好,也要一段时间后才能体现出效果,而且效果很容易受规则变化影响。

所以,相对阿里巴巴,SEO 短期来看投入不多,但难在长期运营,操作难度太大,见效实在太慢。

(三) 社交媒体营销

社交媒体营销看起来成本很低,不用投多少钱,只要业务员自己肯投入时间和精力努力去做即可。

但是说实话,光靠业务员的个人魅力很难在社交媒体营销上有多大作为。和 SEO 一样,社交媒体营销也一样是内容为王。而且,它还对业务员的运营能力要求很高。你只要看看,现在屈指可数运营得好的企业公众号就明白了,它的难度非同一般。而且,社交媒体营销也是见效很慢的,我常说要放长线钓大鱼，可有时候鱼还没上来，钓鱼的人早跑了。

相比阿里巴巴，社交媒体营销更没优势。短期投入相对较低，但运营要求很高，时间跨度很长，效果不可知。

（四）其他方式

除了上面这些，还有在免费 B2B 网站上发信息，到谷歌上找客户之类的方式，可这些方式基本上都是大海捞针，费时费力，效果很差。表面上看它们似乎没有什么成本，但其实隐形成本很高，业务员花费了大量的时间做这些低效率的事情，本身就是人力资源的浪费。

对比了以上的几种方式，你会发现它们竟然都还不如阿里巴巴。也就是说虽然阿里巴巴营销效果不佳，但相对于展会、SEO、社交媒体营销和其他的方式，它反而是性价比最高的渠道。

三、阿里巴巴的主要客户有哪些

既然分析了，索性再分析得深入一点。我们来看看阿里巴巴上主要有哪些客户。

有人说阿里巴巴上的客户质量不高，不排除这种情况。想想看，投什么样的饵钓什么样的鱼。因为有着标准不一、形形色色的供应商群体，当然也就有对应的客户群体。有跨国公司采购员，有原始设备采购员，有贸易公司采购员，也有专门做骗子讨生活的人。

既然三教九流的人都有，你就要做好应付三教九流客户的心理准备。这次我们碰到的 10 个客户，可能没一个质量高的；下次再碰到 10 个客户，可能里面只有 1 个不错的，这都很正常。

只要这池塘里有源源不断的鱼游过来就好，钓到什么样的鱼全看自己本事，怕就怕这池里没鱼了。现在经济形势不好，客户的确少了，各个渠道都一样，展会不好做了，Google 不好做了，社交媒体营销不好做了，阿里巴巴也不好做了，没一个变好的。我们能做的无非是选择一个最符合自身需求的解决方案。

四、到底要不要用阿里巴巴营销

我的看法是如果你不属于那 4 种不需要做阿里巴巴的公司，又没办法找到更好的替代方案，阿里巴巴运营还是要做，因为实在没有更好的选择。但如果要做，一定要把它运营好。

在运营阿里巴巴的同时，你可根据实际情况选择展会和其他主动开发方式作为补充。当你对阿里巴巴运营驾轻就熟后，再集中精力慢慢布局 SEO 和社交媒体营销，这样即使 SEO 和社交媒体营销效果不行，也还有个后备。等到你的公司发展成上述 4 种公司中的一种的时候，再考虑放弃阿里巴巴运营。

但如果你连阿里巴巴都运营不好，我很难相信你能把 SEO 和社交媒体营销运营好。反之，你能运营好任何一项，我也相信你样样都能搞好。

我是这么想的，也是这么做的，仅供大家借鉴。

Part 3　要不要走一达通

有段时间我的微信被一达通刷屏，也可能是我的朋友圈加了不少阿里巴巴相关人员的缘故。大致信息如下。

阿里巴巴外贸综合服务平台"一达通"2016 财年出口额突破 150 亿美元，这意味着该平台成为全球最大的外贸综合服务平台。阿里巴巴 B2B 事业群总裁吴敏芝预估，2017 财年，一达通出口额将达到 500 亿美元。

问题来了，为什么一达通一年可以做到 150 亿美元，次年甚至可能做到 500 亿美元。

这块市场是新生出来的，还是从原来的蛋糕里切出来的？

为什么它能从原来的蛋糕里切出来？

一、什么是一达通

首先，我还是给大家科普下什么是一达通。我估计很多人还不知道它，知道的人也不是特别了解它。阿里巴巴官方的解释是这样的："阿里巴巴以集约化的方式，为外贸企业提供快捷、低成本的通关、外汇、退税及配套的物流、金融服务，以电子商务的手段，解决外贸企业的服务难题。"这一揽子的外贸服务解决方案即为"一达通外贸综合服务（本书中简称'一达通'）"。

我们重点还是关注几个词，通关、外汇、退税、配套的物流、配套的金融服务。

它到底什么意思？直接点说就是在一达通交易，通关它帮你做了，外汇它帮你收了，退税它帮你办了，物流它帮你找了，贷款它帮你包了。一达通做的就是进出口代理公司、银行和货代的活，甚至它还可以包揽展览、翻译、国际快递等。

传统进出口代理公司干什么活？

收款、报关、出口、退税、打款等。

传统银行干什么活？

收汇、结汇、存款、贷款、担保等。

传统货代干什么活？

租船、订舱、配载、制单、报关、报检、保险、拆装箱、签发提单等。

一达通要做的就是上面所有这些活儿，用一句话说，就是做外贸全产业链。

二、一达通的优势有哪些

为什么一达通可以从原有的出口市场份额里切出这么大块的蛋糕来，对比传统的进出口代理公司、货代和银行，一达通的优势在哪里？

我们先来对比传统的进出口代理公司和自营出口公司。

给客户付款资料，代理公司一定要客户的抬头和账号，而一达通可以用自己公司的抬头和账号，虽然说抬头和账号都是虚拟的，但是它方便了客户。这一点代理出口公司做不到，自营出口公司可以。

钱存在代理出口公司没有利息，存一达通的结算宝有利息，这一点代理出口公司从来没想过做；自营出口公司将钱存在银行有小额利息。

代理公司收取代理费，每1美元4~8美分不等，根据实际出口额来定；一达通也收费，目前是退税款的4%，有时会有补贴，每报关1美元补贴3分人民币。

我们来算一算。比如代理费是人民币5分/美元，报关金额1 000美元，开票金额6 500元人民币，退税率15%。给代理公司的费用是$1\,000 \times 0.05 = 50$元人民币；走一达通收费是$6\,500/1.17 \times 0.15 \times 4\% = 33.33$元，补贴$1\,000 \times 0.03 = 30$元人民币，实际支付仅0.33元人民币。

这样算来出口1 000美元货物，走一达通比代理出口公司节省49.67元人民币，这都是利润。

如果换作自营出口呢？自营出口不需要代理费。但是自营出口需要配备一名单证员，另外财务人员也会增加工作量，算上这些人员的工资福利，一个月最少4 000元，一年5万元，成本也很高。如此算来，代理出口公司与一达通相比和自营出口公司与一达通相比都没优势。

在退税进度上，一达通是单据齐全即可结算退税，和进出口代理公司一样，但是自营出口的话一般需要两个月退税款才能到。

代理公司不能给你授信，也就是不能给你提供贷款；但是一达通可以，它根据你的走货金额和记录给你授信、贷款，目前利息还比较高。

这一点代理公司和自营公司都做不了。

代理公司不能给客户提供担保，但一达通捆绑了信保服务，在阿里巴巴平台上，可以根据我们累积的交易数据给客户一个保证金额度担保。

这一点代理出口公司的确有心无力，自营出口公司也是。

代理出口公司不能帮助你积累数据，因为阿里巴巴平台不是它开的，但是一达通可以，你的交易和信用数据会不断累积，进而有利于平台运营和排名。

这一点代理出口公司和自营出口公司都没办法。

总的来看，一达通处处打的就是代理出口公司和自营出口公司的死穴，其宗旨就是"你能做的我都能做，我能做的你都做不了"。

我们再来对比下银行。

传统的银行和出口企业有多少关系？没什么关系。

传统银行给利息吗？给，但是给得很少，它完全按照中央银行规定来，而一达通结算宝的利息相对来说要高很多。

传统银行能贷款吗？能，但是你要抵押，没抵押就无法贷款，中小企业贷款很难。

一达通给贷款吗？给，一达通的流水贷可根据你半年内在一达通走货的金额来决定你的贷款额度，每出口1美元可以授信1元人民币，完全不需要抵押。

传统银行给你做信用累计吗？不给。不管你之前存了多少款，贷款了多少，给它创造了多少利润，它统统不管，你要贷款就要拿东西来抵押。

一达通给吗？给。阿里巴巴国际有企业信用分，你交易的数据越好，诚信度越好，信用就越好，贷款额度就越高。

我们最后来对比下一达通和货代。

从规模上比，传统的货代公司有多大？不大，遍地都是，而且小公司居多，几个人，十几个人，或者几十个人，几百个人的货代公司都算很大了。阿里巴巴国际、阿里巴巴一达通团队有多大？传统货代公司根本没法比，不管是人力也好，资金也好，风险承受能力也好，双方真的不在同一竞争水平上。

从客户资源上比，传统货代有多少客户资源？能接触多少客户资源？把全部货代的客户加在一起是很庞大的数据，但是一个个分开呢？它们跟阿里巴巴怎么比，人家一个平台有百万家客户，随便一开发的数量都是巨大的。

从议价能力上比，传统货代在船公司面前有多少议价能力？一级货代还好点，二级呢，三级呢，还有那些挂靠的货代呢，有什么议价资本。可在阿里巴巴面前情况完全相反，船公司没有什么议价资本，都是阿里巴巴说了算。谁能排除阿里巴巴未来有自建船队的可能呢？

所以说，等阿里巴巴把一达通出口平台做得相对稳定了，接下来肯定搭货运平台，开始整合货代。货代整合差不多了，估计船公司的日子也不好过了。

当然，我们外贸人应该是能得到些好处的。

所以，综合来看，不管是从通关、外汇、退税，还是配套的物流、配套的金融服务等来看，一达通都更有优势，更能帮助中小企业节省成本，提高效率。

那么问题来了，我们到底要不要做一达通？

个人建议是，如果你做阿里巴巴平台，那还是要走一达通的，不然你在人家家里，不按人家规矩来，肯定要吃亏，何况它的确能帮你省钱。

Part 4　一达通真的越强越好吗

一达通真的是越强越好吗？不一定。

我们来讨论下关于价值的问题。先举个例子，在苹果没有推出智能手机之前，我最喜欢诺基亚手机，苹果手机出现后，我开始使用智能手机。

在这个过程中，苹果创造出了一种新需求，开拓出了智能手机的新市场，给客户创造了新的价值。

你说它抢了诺基亚的市场吗，没有，智能手机市场是它自己开拓的。

如果乔布斯当年只是凭借资金或渠道优势生产一种和诺基亚一样而价格更低的手机，去抢诺基亚的市场，你觉得他会成功吗？

再举一个例子。马云当年创办阿里巴巴的时候，正是广交会办得如火如荼的时候，那时候一位难求。但是他正是看到了线下交易的低效性，线上交易的便捷性，创办了阿里巴巴 B2B 平台，创造出了一种新需求，开拓出了一个新市场，并给商人们创造了新价值。

你能说他抢了广交会的生意吗，没有，现在 B2B 上每天成交的金额是广交会的几倍。

假如当年马云拿着一大笔钱再去办个类似广交会但是参展价格更低的展会，你觉得他会这么成功吗？

回过头，我们来看看一达通的价值体现。

先看看近几年的官方数据，2015 年，全国出口额比 2014 年下降了 1.9%。而阿里巴巴一达通提供的数据显示，2015 年一达通平台出口额逆势增长超过 150%，做了 150 亿美元。

也就是说，在总体出口份额下降的形势下，一达通反而逆势使市场份额扩大，那这份市场份额是新增长出来的吗？不是，它是从原来的市场份额里切出来的，其中，很大一部分是从出口代理公司的份额中抢来的。

如果说一达通开拓并创造出一种新的市场需求和价值，我会崇拜并毫不犹豫地追随一达通的脚步。但如果仅仅是凭借巨大体量、平台优势和低价去抢别人饭碗，我觉得并不是什么值得大书特书的事。

竞争不是不可以，但是和谁竞争很重要。

你是大公司，就应该担当更多的社会责任，不要把目光老盯在赚钱上。看看谷歌，看看特斯拉，看看脸书。

做一家成功的公司不是说说的。

我们再来看看一达通抢了谁的饭碗，冲击了谁的利益。

我说过，阿里巴巴要做外贸全产业链，搭建闭环外贸生态圈，提供通关、收汇、退税，以及配套的物流和金融服务。它直接冲击的就是这些公司。

我挺同情出口代理、货代和快递等服务公司的。因为它们创造了大量的就业岗位。在这些公司，就业的门槛是很低的，而且容易就业。

我不知道这些行业具体解决了多少人的就业问题，但是在宁波这个出口大市，10个人里面有8个人的工作和外贸相关，其中有3个人做货代，3个人做外贸，2个人做出口代理。2004年我来宁波，认识了人生中很重要的一群朋友，一直到现在，10个人中还有6个人在做货代。

另外，出口代理、货代和快递等行业是非常成熟和专业化的，竞争也很激烈。

我们总说外贸难做，竞争大，但其实要我说出口代理和货代行业竞争比外贸业务行业竞争还要激烈，特别是货代行业，其竞争程度可以用白热化来形容。

早前我和朋友说外贸难做，他和我说："你要做过货代，你就知道做外贸有多幸福，做货代那才真是极其艰难。"

十多年来当我接触了很多货代后才明白，那真是非常辛苦的活。手机一年到头24小时开机，单据、进仓、监装、查验、换单，没有小事，一点事儿就要奔赴码头，这边还要被客户骂得狗血淋头。你知道，拼死拼活一单赚多少钱，才几百块啊。

阿里巴巴的使命是什么：让天下没有难做的生意，帮助中小企业成功。想一想，是不是和货代行业的现状不符。难到一达通的服务比它们好吗？没有。

一达通从2015年8月开始推广和招募一拍档。什么是一拍档？就是引入各类本地化外贸服务企业（如货代、进出口代理、报关行、财税公司等）成为一达通紧密的合作伙伴，为外贸企业，尤其是中小企业提供完整的本地化、贴身化、个性化的低成本出口流程综合服务。

为什么一达通要贴钱给这些一拍档服务公司，因为一达通本身的服务跟不上。

出口代理和货代行业面对的问题其实很复杂也很琐碎，对专业化、本地化、定制化服务要求很高。一达通可以搭建平台和后台，但是它能处理各个地方、各个企业的本地化和定制化服务吗？显然不能。如果不能，谈何专业化，谈何吸引客户，谈何长远发展。

小的进出口代理公司，小的货代公司实力的确一般，但是它专注于服务它的那一小块儿市场还是可以的，而且它也是经过充分竞争才做下来的。事实已经证明，它有能力给那一部分客户提供全套的专业指导和服务。

但是一达通做不到，它没有那么多且专业的客服来面对全国各地的各种问题，所以需要找很多本地出口代理和货代公司来做客服。

而实际上的确有很多公司体验完一达通后，又找回原来的代理公司。

那一达通会不会越做越大？肯定会，但有局限性。

那一达通越来越强真的好吗？不一定好。

阿里巴巴要搭建的外贸生态圈其实是个闭环的生态圈，所有的服务要围绕这个圈来进行。阿里巴巴帮你找客户，帮你通关，帮你收款，帮你退税，帮你运输，帮你融资，做什么都要经过它才可以。

你很忙，需要一个保姆帮忙打扫打扫卫生，烧烧饭。但是你真的需要一个超级保姆吗？

真正的生态圈应该是什么样的？

其实我们都知道，比如森林，比如大海，又比如我们生活的村子，生物多种多样，物种间共生共存，充分竞争，相互平衡的生态圈才是最好的生态圈，才能给彼此最好的生存环境，才能保证让生物获得最好的生存环境。我们也都看过竹林，竹子一身都是宝，但当竹子连成林的时候你可曾在下面看到一根草或一朵花，你又看到多少动物或昆虫。

一达通越来越大，越来越强，市场份额越来越多，其他的出口代理和货代的空间就会越来越小，代理公司也会越来越少，竞争的充分度就会下降，服务的专业度也就无法提升，无论是客户还是你的话语权也会越来越低。

一家独大或垄断都不是好事，无论是过去、现在，还是将来，这都是真理。但是我们能阻止一达通发展、变大吗？不能。

阿里巴巴是商业公司，商业公司是要赚钱、赢利的，如何保持长久的赢利，如何最大化的赢利始终是它要考虑和面对的问题。阿里巴巴也要付工钱。你可以选择走一达通，也可以选择不走，但你不能决定和影响别人去做什么，怎么做。

你没有必要去批判和攻击一种商业行为，商业竞争本来就是如此，你要么去竞争，要么被竞争。有竞争，是好事。

Part 5　要不要做阿里巴巴代运营

问我代运营问题的人很多，向我推销代运营的人更多。

> **土友提问：**
>
> 土司你好！
>
> 想问下你对阿里巴巴国际站代运营的事情怎么看？像我们这样电子商务人才缺乏的小地方的小型出口工厂，自己操作阿里巴巴没效果，不上阿里巴巴又没有更好的方式，我们是否要找代运营公司？可我听说很多代运营公司价格贵还没效果，想听听您的意见。谢谢！

这样的问题一般我不太愿意回答。为什么不愿意？因为一回答，有些人就认为我会批评代运营公司，非也。

一、老板和业务员才是最了解公司和产品的人

首先我要批评的是老板，对，就是老板你，或者你老板。决定做代运营的基本是老板。

曾经有一个我熟悉的朋友跟我说，他花了3万多块钱找了代运营公司代运营。我立马傻眼了，他为什么要胡乱挥霍他的钱。实在不行，请我啊，我保证做得比代运营效果好！

有人说老板都是人精。人精我不太认同，但是精明总是有的，混迹商场那么多年，对商业的基本准则老板还是了解的。

如果说业务员不懂得做生意，我能理解，人家还年轻；但如果说老板也不懂，那我无论如何也不相信。

为什么这么说？我问你，有谁比业务员更了解自己的产品？有谁比业务

员更了解自己的公司？有谁比业务员更了解自己的客户？有谁比业务员更了解自己的竞争对手？有谁比业务员更了解自己的市场？肯定没有。

你每天在公司，每天做业务，每天接触客户，每天有意或无意接触竞争对手和市场信息，同行我不敢说，但比起外行，你肯定更懂。

难道外行比你更了解哪些关键词更有效，难道外行比你更了解哪些应用更专业；难道外行比你更了解公司的竞争力；难道外行比你更了解如何介绍产品写吸引客户的文案。不可能啊！

而且，市场和客户的需求是一直在变的，做这个行业的人都跟不上，怎么期望不做这个行业的人能跟上。

更何况，做代运营的大多是没做过外贸的人，你把网址交给没做过销售的人打理，这我无法理解。

有老板说："我们不了解阿里巴巴的规则，我们不会修图。"

我问你，比起了解产品，了解公司，了解市场，了解客户，了解竞争对手，阿里巴巴规则和修图更重要吗？前面几点才是商业竞争的核心竞争力。

修图、阿里巴巴规则都是技巧性的东西，会学习的人，学这些东西都是不难的，多看看帖子，听点培训，多学学、试试就都会了。不会学习的人不用请来做业务。

你把业务员请来是解决问题的，解决销售问题，解决找客户问题的。如果客户都找好了再让业务员跟进下，那还叫什么业务员，叫什么销售，找个跟单即可。

做一个阿里巴巴平台一年要3万元，请代运营一年3万多元，请人做P4P一年至少1万元，请个业务员一年底薪至少4万~5万元。阿里巴巴早已不是当年的阿里巴巴了，而你还说开支太大，这怪谁。

你要是真没办法，就把做代运营的钱拿来奖励员工。奖给业务员，不要说3万元了，你就给我1万元，我也会更努力工作的。

二、业务员要抓住机会提升运营技能

批评完老板，接下来我要批评业务员了。这么好的机会，你怎么就不去争取呢。

作为业务员，开发客户的本事和技能本来就要去学。既然老板肯投钱，给了机会，你就好好利用，不用白不用啊，怎么可能还把这么好的事让给别人呢。

任何人都知道学到的才是自己的，没人能抢去。不管我们年纪多大，到哪里工作，经验和技能才是最值钱的，也是人家最看重的。

阿里巴巴平台运营也好，展会沟通也好，谷歌开发也好，社交媒体营销也好，学会了都是宝。

说白了，知道怎么做事就是你相对于他人的竞争力，这是对自己负责的体现。

除此之外，你也要对公司负责。你进入一家公司，就是其中的一员，老板也好，同事也好，大家都在一条船上，现在和将来，梦想和家人的生活水准，都和公司息息相关。

在一家公司里，一个团队内，每个人都有该承担的责任和义务，这在国内叫敬业精神，在国外叫职业精神。

做业务，做销售，不断提高销售技能，做出更好的业绩，这是我们的本职工作，要努力做好。不会就去问，不懂就去学，没有不会就让别人做的道理。

而且，帮公司节省成本，降低运营风险，也是我们的基本责任和义务。公司成本支出变大，赢利水平降低，竞争力下降，老板压力越来越大，真好吗？不好啊，这些压力也会分摊到我们身上，也会影响到我们的销售。

华为公司讲究主人翁精神，具体是什么意思？就是看到公司多开一盏灯就去关掉，空调没人吹就关掉，保证产品质量，减少次品率，这些就是主人翁精神。因为所有员工都知道，公司运营的成本越低，效率越高，竞争力就越大；赢利水平越高，技术开发、人才引进、市场开拓、员工福利才能做得更好。

公司好你才好，这是真的。

大家好你才好，也是真的。

三、阿里巴巴平台运营真的很难吗

阿里巴巴平台运营真的不难。

说白了就是"修图＋整理关键词＋做详情页＋花钱"，所有这些，我们公司的新人进来两周就学会了,培训时间加起来不超过3天。我和新人们说:"你们学好了,以后不在我公司干了,到外面也能以一当十。"

有些人会怕,总觉得自己做不好,不断告诉自己:阿里巴巴运营特别复杂,我干脆不学算了,反正学不会。

还有些人不自信,明明自己做得挺好的,结果不自信,非得花钱去证明自己不行。

还有些人经不住误导。人家说数据有多好,别人做了曝光率、点击和询盘有多少,然后,他就控制不住怀疑自己了。其实曝光率高、点击多、询盘多就是好吗?不是的。和你的产品对口的多才是好啊。你只要求数字多,我分分钟给你完成,可是有用吗?没用的东西还要花时间处理不是浪费吗?

还有些人太懒,这种就不多说了,我建议你别做阿里巴巴了,留点时间、钱,喝喝酒好了。这年头,懒还能成功那真是天理难容了。

最后,我留三句话。

代运营比不运营要好。

代运营且懂外贸的最好。

代运营远没有自运营好。

Part 6　谁偷走了你的询盘

最近我一直在研究阿里巴巴的新搜索排序规则,发现了很多有意思的东西,比如这里要说的 RFQ(Request For Quotation,报价请求)。做过阿里巴巴国际站的人,想必对 RFQ 都不会陌生。RFQ,阿里巴巴将其称为采购直达市场,是指买家主动填写采购信息并委托阿里巴巴寻找卖家,卖家可在 RFQ 市场查看和挑选采购需求,并根据买家要求报价的商业模式。为什么说 RFQ 偷了你的询盘?看完你就知道 RFQ 是什么意思了。

我们先来看看阿里巴巴把 RFQ 的引流入口都放在哪里。

(1)首先在主搜索页面,Search 按钮旁边有个 "Get Quotations"(RFQ 引流入口),见图 4-1。

图 4－1

（2）在主搜索页左侧类目栏底部，设置了一个“Get Quotation Now”（RFQ 引流入口），见图 4－2。

图 4－2

阿里巴巴设置这两个 RFQ 引流入口，是为了方便客户群发询盘询价。对于它们的位置，不涉及你的页面，没有什么问题。

有异议的是在具体的详情页里。

我们来看下阿里巴巴在产品详情页的哪些位置设置了 RFQ 引流入口。

（1）紧邻 Search 按钮的 RFQ 引流入口，见图 4－3，是主搜索页延伸过来的，没有异议。

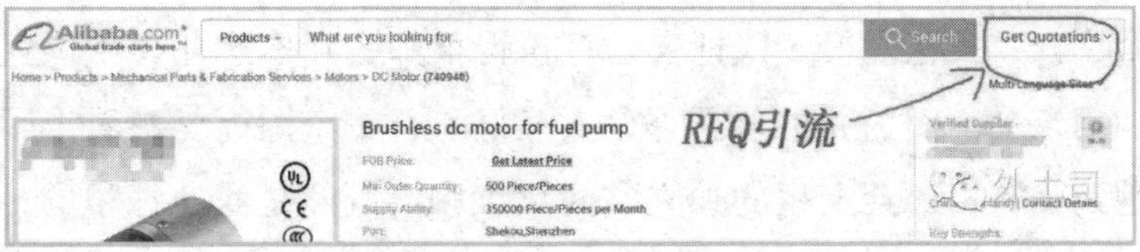

图 4－3

（2）在详情页右侧的公司名片下面，出现了 RFQ 引流入口，见图 4－4。这个引流入口本来没那么讨厌，但是它后续的动作开始让人很难接受。

图 4－4

（3）还是这个引流入口，当客户下拉详情页的时候，它突然就在旺旺下面，即网页的右侧强化展示，而且一直跟着客户到最底端的发询盘页面，见图4-5。

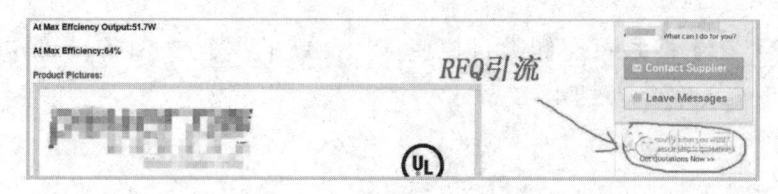

图4-5

（4）在详情页最底部的发布询盘入口外，除了右侧跟着的RFQ引流入口外，在页面顶部又出现了RFQ引流入口，通过双重夹击来影响客户，见图4-6。

图4-6

在产品的详情页面设置如此多又醒目的RFQ引流入口，细想一下，实在让人难以接受。

打个比方，我花了很多钱把自己打扮得很帅，到你这儿买了位置不错的门票参加相亲会。因为我的位置好，人又好看，一个漂亮姑娘看上了我。然后我带她到我在相亲会上租的独立空间里细聊。既然是我花钱租的，我想应该万无一失，没有其他竞争对手。没想到房间里还开着好几道门，门上写着广告：你还可以有其他选择……

你觉得合适吗？肯定不合适。

（1）你不断投入精力，投入金钱去运营关键词排名，目的就是让客户能先看到你的页面，并点击。既然客户选择了你，点击了你的页面，那这个客户应该是你独有的，这是双向选择的结果。否则，投入那么多P4P、橱窗、信保一达通有什么意义？

（2）单个产品页面应该是私人领地。你把详情页优化得那么漂亮，目的就是吸引客户进来下询盘。你花费了很大精力去培训，去学习，去优化，结果客户来的时候，你在我家里放好几个大牌子，写着"客官，要不要到别家看看"。这种行为多少有些不合适，如果客户不满意，可以出了我家的门再去寻别家也不迟啊。

由此可见，RFQ 是把双刃剑。一方面从你的详情页里引流询盘（让你无可奈何），另一方面又从 RFQ 里把询盘开放给你（你要好好利用）。

Part 7　如何获得更多的 RFQ 报价权限[①]

我对待 RFQ 的原则就是：能挖多少，就挖多少；不挖则已，一挖到底。接下来我分享下"挖宝"的具体方法。

一、基本权限

首先，我们看看最基本的权限。

如果你已经是付费会员，不管是出口通也好，还是金品诚企也好，阿里巴巴每个月会给你 20 条的基础报价权限。记得，这 20 条的有效期是当月，目前还不能累计到下月，发放的时间是每个月的 1 号（美国时间）。

如果我们是免费会员，我们可以购买 RFQ 商机服务，这个之前说过，就不说了。

其次，要了解其他的奖励权限。

说完了基本权限，接下来想获得更多的 RFQ 报价权限，就要了解阿里巴巴其他的奖励权限了。奖励权限分很多种，但很容易掌握。

二、登录奖励权限

根据每个月登录天数的累计进行奖励。

每个月我们只要登录并访问 RFQ 市场（My Alibaba > 采购直达 > RFQ

[①] 本节所介绍的阿里巴巴国际站 RFQ 报价权限相关规定截至 2015 年年底，此处放此篇文章是为了便于读者了解阿里巴巴国际站规则的变化轨迹，以便把握阿里巴巴未来发展趋势。

市场），累计登录5天就可以获得2条RFQ报价权限。记得，这里是累计，不是连续登录天数。登录5天奖励2条，10天4天，15天6条，30天最多可以奖励12条。

需要注意的是，这里是按一个公司为单位来计算一个月累计登录的总和。

三、报价奖励权限

按照阿里巴巴的规则，如果每天去RFQ市场报价，也是有奖励的。每报满5天就奖5条报价权限，报满10天就奖6条，报满20天就奖8条，报满30天最终有9条的报价权限奖励。

这里要注意的是它也是累计的，就是根据一个月里总的加起来报价的天数核算奖励。还有它也是按一个会员公司报价的总和为单位来计算的。

四、信保订单奖励权限

这个奖励的就比较多了。阿里巴巴为达到目标，也是下了血本。

按照规则，如果是从RFQ市场直接发起的信保订单，只要1单，记得是支付了首付款的信用保障订单，就奖励12条报价权限，而且其中还包括2条畅行报价权限；3单，就奖励42条，其中7条畅行权限；5单，奖励77条，其中12条畅行权限；7单，奖励129条，其中19条畅行权限；如累计10单，就能获得186条报价权益，其中26条是畅行权限。

如果按照阿里巴巴RFQ商业化提供的基础包，包年240条报价权限套餐的原价是12 000元，那我们免费获得的就是价值将近12 000元的套餐了。

所以按照我个人的分析，阿里巴巴会很快取消或减少这些奖励权限。如果我们要挖的话，我的建议是尽早挖。

关于畅行权限我们也需要了解一下，既然阿里巴巴奖励了，我们就要用起来。所谓畅行权限，也可以说是VIP绿色通道。比如，某一条RFQ报价报满了，你觉得它是个挺不错的RFQ，这时候，你就可以用畅行权限继续去报价。当然，畅行权限也是有竞争的。阿里巴巴规定每条RFQ最多可接受5个畅行报价，也就是说买家最多可以看到15个供应商的报价。

五、买家好评奖励权限

根据阿里巴巴规定，买家收到RFQ报价后，只要给个好评（4~5星），我们就能获得 2 条报价权限。收到 2 条好评，就有 4 条。以此类推，如果我们真能收到 100 条好评的话，那也有 200 条报价权限奖励了。

除了上面的这些方法，获得 RFQ 报价奖励也还有别的办法。

六、P4P（直通车）奖励权限

如果你是阿里巴巴国际站 P4P（直通车）的高级会员（直通车评分超过 60 000 分），每月就可获得 10 条 RFQ 报价权限。如果是顶级会员（直通车评分超过 140 000 分），每月就能获取 20 条 RFQ 报价权限。

是不是真的奖励，目前我还不清楚，主要是因为我们公司整个阿里巴巴平台运营得不错，在 P4P 上花的钱不多，没达到 60 000 分。

七、一达通 GMV（Gross Merchandise Volume，成交总额）奖励权限

如果你的一达通当月成交金额，也就是通常说的 GMV 不到 35 万元的话，奖励 5 条报价权限；当月成交金额在 35 万~100 万元之间的，奖励 10 条报价权限；达到 100 万元以上的，奖励 15 条报价权限。这些都是外加优质 RFQ 优先报价权的。

奖励的报价权限会在每月初的 5 日左右发放，有效期 1 个月。

八、外贸圈成功故事奖励权限

如果你在外贸圈分享一个 RFQ 的成功故事，录入一篇，就奖励 5 条报价权限。记得，是 RFQ 成功故事，说别的可没用。

九、RFQ 讲师奖励权限

既然写个成功故事就有奖励，那成为一名 RFQ 的布道者，肯定奖的更多。只要你真有经验，可以试试报名成为 RFQ 讲师，直接去给别人讲课，每个月可以奖励 10 条 RFQ 报价权限。

十、报价特权

如果我们上个月成功报价至少 1 个 RFQ，并且在 RFQ 市场发起过至少 1

单有效信保订单，那么当月我们就可以拥有很多人没有的报价特权。这些特权包括以下三个。

（一）Popular Supplier（受欢迎的供应商）标识

Popular Supplier 是 RFQ 专属标签，会跟着你的 RFQ 报价一起在买家的后台展示，意思是告诉买家，这家供应商很受欢迎。

（二）报价优先权

买家在后台查看所有供应商的 RFQ 报价时，我们的报价会排在其他供应商的前面。

（三）优质 RFQ 优先报价权

质量高的 RFQ 出现时，你可以优先报价，而其他供应商只能在这段时间过后才能报价。它可以帮助你抢得先机，这个也是比较有竞争力的。

其他注意事项：

之前我们说好评给奖励，如果有差评的话，自然就给惩罚了。当月累计差评超过 3 条（含 3 条），从下个月 3 日开始冻结报价权限 7 天。

如果上一个自然周，你因不严肃报价被审核退回 5 次，那么你的账号会被冻结一个自然周。这条规定的意思就是告诉我们不要乱报价，或者不报价。

还有一些零零碎碎的就不写了，只要你把前面的方法用好，报好 RFQ 就足够了。

总之，还是一句话。要么不做，要做就做到最好！

Part 8　RFQ 开始对卖家收费了

我写过好几篇有关 RFQ 的文章，因为我们公司的业务员们一直在用，所以我也一直关注，2016 年 RFQ 又调整了规则。

第一，卖家规则变了。

第二，买家规则也变了。

一、卖家规则变化

采购直达卖家市场规则升级。简单地说，就是获取 RFQ 报价权限的方法变了。

在上一篇文章中我们写过，获得 RFQ 报价权限的途径主要有三个，基础报价权限 + 奖励权限 + 参与活动奖励权限，只要勤奋点，一个月拿 200 条以上报价权限还是可以的。

而新规则中，获取 RFQ 报价权限的方法变成了：基础报价权限 + 市场表现奖励权限 + 参与活动奖励权限。

（一）基础报价权限

阿里巴巴每个月还是会给付费会员 20 条的基础报价权限，这个没变。如果我们买采购直达市场商机服务基础套餐包的话，根据产品包和开通服务时间，每个月一样会获取对应的报价权限。

（二）市场表现奖励权限

已经明确的会影响市场表现分的因素包括如下几点，见图 4-7：

(1) RFQ 登录天数；
(2) RFQ 报价量；

图 4-7

(3) 平均报价响应时长；

(4) 24 小时响应率；

(5) 买家好评率；

(6) RFQ TA（信保）通关完成的订单量；

(7) RFQ TA（信保）通关完成的订单金额量。

从新出现的几个规则可以看出，RFQ 有两个明显转向。

一是鼓励大家更快，更积极地报 RFQ，从平均的报价时长和 24 小时响应时长两个因素即可看出。二是鼓励通过 RFQ 走信保订单，这从 RFQ 信保通关完成的订单量和订单金额量两个因素中可以反映出来。

（三）参与活动奖励权限

这个没有变化，如果我们参与阿里巴巴的各种活动，都有机会获得额外的 RFQ 报价权限，比如之前提到的发 RFQ 故事等。

二、买家规则变化

RFQ 对买家进行收费。

如图 4-8 所示阿里巴巴标的原价是 USD29.99，我算了算将近 200 元人民币，我想没一个客户会买。所以，阿里巴巴给了优惠价 USD9.90，然后买家就可以发布一条付费的 RFQ。

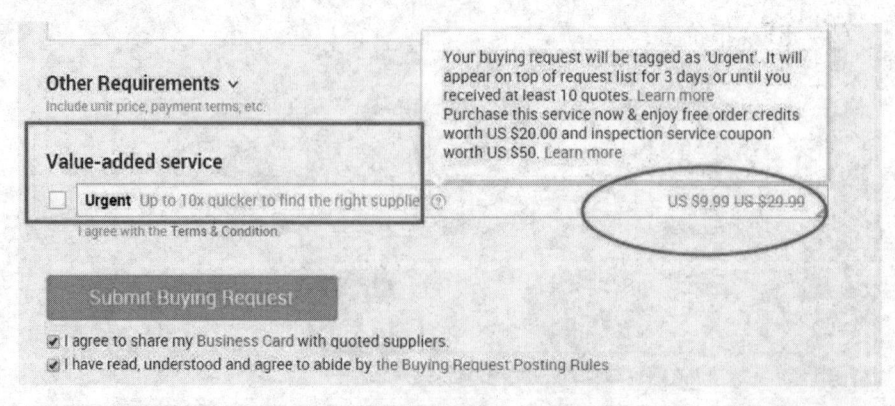

图 4-8

没错，只要 USD9.90，即可获得发布紧急购买请求，获得订单优惠券和检测优惠券，如图4-9所示。

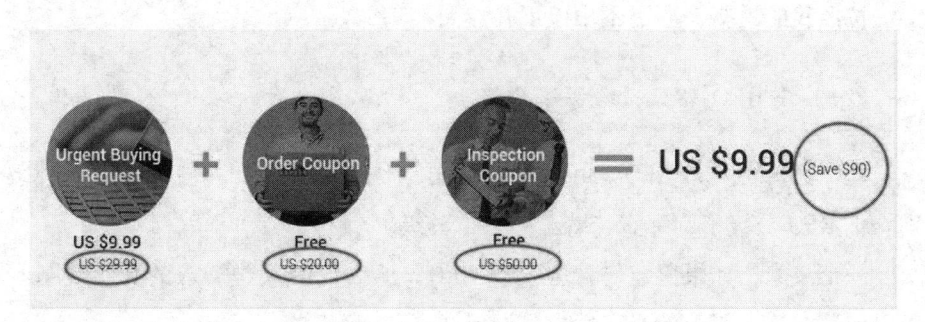

图4-9

买家发布付费RFQ以后，卖家就会看到一个Paid RFQ的标签，见图4-10。在搜索RFQ的时候，也能通过Paid RFQ标签进行快速筛选，见图4-11。

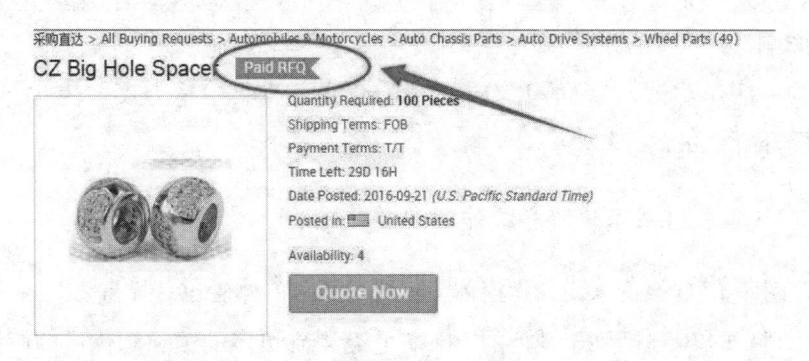

图4-10

图4-11

三、阿里巴巴为什么要推出买家付费RFQ

阿里巴巴高层到底是怎么想的，做了什么样的战略布局，我们不知道，但是猜想一下还是可以的。

按照我的思路，原因不出以下几点。

（一）给 RFQ 分级，给买家分级

让买家付费发布 RFQ，可以把 RFQ 分出优质和紧急，一般和普通两种级别。把 RFQ 分级了，那意味着给买家也分级了。

一个买家，如果愿意付费去发布 RFQ，那么他的采购需求的真实性基本可以保证，这个买家的真实性也可以保证了。

（二）提升卖家积极性和报价效率

这一点对卖家尤为重要。现在 RFQ 实在太多了，真实性根本无法考证，很多的报价给客户发过去后都杳无音信，对卖家报 RFQ 的积极性大大影响。

一旦有买家发付费的 RFQ，那卖家肯定要先集中精力攻这些 RFQ 客户，以提升效率和成功率。

（三）提升买家体验和工作效率

对于 RFQ 报价来说，卖家体验重要，买家的体验也一样重要。

付费的 RFQ 区别于其他的 RFQ，它会得到更多的关注和优质的服务，这是肯定的。作为一个采购员，能尽快地找到合适的供应商和价格是非常重要的，可以大大提升工作效率。

（四）进一步往信用平台转变

从先前的对卖家进行分级，到现在逐步对买家进行分级，我们可以看出，阿里巴巴还是坚定不移地在往信用平台转变。

信用平台转变的核心要素就是从量变到质变。

阿里巴巴发展至今，量变已无空间，而质变就是一个去量的过程，所以不管出台什么规则，它是不怕得罪卖家，也是不怕得罪买家的。

因为不变革成交易平台，它将无路可走。

Part 9　RFQ 商业化对卖家的巨大影响

RFQ 走向商业化，意味着需要花钱购买 RFQ。很多人来问我这意味着什么，我告诉你这是一件需要引起你足够关注的大事。可惜目前为止没有一个人把它说明白。今天我就告诉你，RFQ 商业化对卖家的巨大影响，以及未来的趋势分析。

要理解 RFQ 商业化有多大影响，首先要了解 RFQ 商业化和之前没商业化的区别。

以前的 RFQ 市场只针对阿里巴巴付费会员开放，如果我们购买了出口通、金品诚企服务，我们可以每个月获得 20 条的基础报价权限。除此之外，我们还可以获得奖励权限，这些都是可以免费获取的。

商业化后 RFQ 市场也对免费会员开放。这怎么理解？就是我们只要注册了阿里巴巴免费会员，就可以到 RFQ 市场里购买报价权限，这里还包括阿里巴巴通行证会员。

这也就意味着，其他的企业即使不购买 29 800 元的出口通服务，买个基础包，就可以进入 RFQ 市场报价，并和我们一起抢客户。简单的实地认证，如此低的门槛，哪怕我们是个体户或者个人都是可以想办法进入的。

我们再来看下这个基础包活动。它一共分为四档，见图 4-12，最低的套

图 4-12

餐包4 888元包括每月购买10条RFQ的报价权限,而且还会把你的资料展示给客户,只要实地认证的企业都可以申请。这是一个巨大的区别。

接下来看看,RFQ商业化后对买家和卖家可能造成的影响。

一、对买家的影响

RFQ市场几乎完全开放,就会有数量更加庞大的供应商和批发商进入,买家就不得不面对更多的报价选择和对比。从某种意义上来说,它可能提高了效率,买家发一条RFQ或许就能收到100家报价。但这也可能带来另外两个问题,第一,过多的选择会让买家不得不花费更多的时间去对比和筛选信息;第二,卖家实力、资信的良莠不齐,大大地加大了交易风险。你要知道,原来的付费会员是有完整的阿里巴巴展示网站的,这里面包括了公司信息、产品信息、成交记录、信用记录等,而购买了RFQ基础包的卖家只是经过了实地认证而已。

二、对卖家的影响

RFQ市场的开放,对一部分想以更低成本获取客户的供应商来说,降低了门槛,但实际结果是否如他们所愿,这个还很难说。

而RFQ市场的开放对付费会员极大不利。因为,付费会员之间的竞争已经非常激烈了,再加上蜂拥而至的免费会员,竞争和比价将更加白热化,效果、投入和产出比也将更加悬殊。

三、阿里巴巴为什么要把RFQ市场商业化

阿里巴巴推出RFQ商业化服务的目的无非两点。

第一是进一步地取悦买家。提高买家的效率,给买家更多的选择。只要有越来越多的买家习惯从阿里巴巴购买产品,就更有利于信保和一达通的推广和渗透。

第二是提高营业收入,原来29 800元的会员门槛使得很大一部分供应商望而却步,这里还不包括P4P运营费用和平台操作成本。那既然那么多供应商不愿意付费,那阿里巴巴就把门槛降到最低,买家采购信息一条条卖,这下供应商总愿意付钱了吧。

随着越来越多的企业进入阿里巴巴 RFQ 市场，就意味着可能成为付费会员，通过一达通出货，走信保成交通道的企业基数大大增加了。这将非常有利于阿里巴巴 B2B 闭环生态圈的构筑。

四、如何评价 RFQ 市场商业化

仅从个人角度出发，我是不认同 RFQ 商业化的。因为我没看出来阿里巴巴整个战略布局给我带来的好处。本身我是阿里巴巴的老付费会员，我当然不愿意看到越来越多的人加入这个竞争，而且是一群我完全不了解的竞争对手。此外，RFQ 商业化对买家的实际帮助也很难衡量。

再者，我认为 RFQ 商业化的行为对付费卖家是有些不负责任的。

我们知道阿里巴巴前几年就开始布局 RFQ 市场，而且力度越来越大。前面我写过一篇文章，叫《谁偷走了我们的询盘》，文章里列明阿里巴巴在各个页面设置 RFQ 引导入口，鼓励买家使用 RFQ 询价，这实际就是大规模分流了买家询盘来源，使得买家通过搜索到达产品页、卖家阿里巴巴官网和产品页的次数和概率大大降低了。

按搓麻将的说法，这就是叫截和。以前被截和后询盘还在盘子里，大家可以去抢，还算公平。现在被截和后询盘就在池塘里了，你不但要和付费会员抢，还要和很多免费会员抢。那你说我付费和运营的价值回报体现在哪里？

五、RFQ 市场商业化后的趋势分析

按照阿里巴巴对 RFQ 市场化的布局，RFQ 商业化的开放将逐渐摊开，现在一年 120 条 RFQ 都卖人民币 4 888 元了，阿里巴巴怎么可能还一个月奖励我们 60 条，乃至几百条。这是什么概念？相当于可以卖人民币将近 30 000 元，等于一年会员费了。

RFQ 市场将来也可能完全封闭化，并且一达通化和信保化。如何理解这个趋势呢？就是 RFQ 市场里的买卖双方的联系信息将不再公开，询价、成交、走货全部在一达通和信保通道里完成，这当然也是阿里巴巴想要的结果。

我关于阿里巴巴 RFQ 商业化的分享就到这里，或许也有我看不懂、看不

到的战略布局，毕竟这是阿里巴巴的平台。作为一个做了十几年外贸的人来说，RFQ商业化价值在哪里仍值得商榷。

咱们只能走着看了。站得够高，才能看得够远。

Part 10　结算宝，不看不知道，一看吓一跳

一、结算宝你知道多少

（一）结算宝是什么

官方解释：结算宝是专为一达通客户的账户资金打造的每日增值服务。系统会自动对用户在一达通自助结算系统中的部分资金计算收益，不影响用户对账户中资金的随时操作。

土司解读：和余额宝一样，也和银行存款一样，钱放着有利息收，如图4-13所示。

图4-13

（二）结算宝需要开通吗

官方解释：不用，只要用户在一达通拥有账户，结算宝都会自动为其开通此服务，见图4-14。

土司解读：和银行开户办卡同理，钱存进去就有利息。

图 4-14

(三) 结算宝的收益如何

官方解释：历史7日年化收益率为2.50%，但每日实际收益率会有波动，以当天收益率为准。

土司解读：2.5%的7日年化收益率怎么理解？就是比存银行划算，和余额宝差不多。

(四) 结算宝的收益如何计算

官方解释：每天17：00确认当天的份额，第二天24：00开始计算收益后到账，见图4-15。

图 4-15

土司解读：今天 17：00 我有 1 000 元人民币，凌晨 24：00 后系统按 1 000 元额度给我 0.06849 元人民币利息；如果是 100 万元人民币，那就是 68.49 元人民币利息。

（五）结算宝中哪些钱可以计算利息

官方解释：用户在一达通自助结算系统中的三类资金，包括可用账户余额中的自有资金余额，定向使用资金及暂不可用资金中的人民币冻结金额。

包括预收至开票人的外汇款、预收至开票人的国内垫款、关联订单的资金（包含曾关联的外汇余额、国内垫款余额、退税款、出口综合服务补贴款、结汇收入、国内垫款、订单结余、已释放的保证金、货款融资款）结算宝都可计算利息，见图 4-16。

土司解读：太复杂了，说白了，就是你在一达通中的所有存款。

（六）结算宝中的资金最快多久可赎回

官方解释：随结随取，不影响任何资金操作，见图 4-16。

图 4-16

土司解读：就是活期，随用随结，做不了定期。

（七）结算宝提现要多久

官方解释：从发起到提款，一般当天到账。

土司解读：当天申请，当天到账。

（八）结算宝对账户金额是否有最低要求

官方解释：结算宝对最低账户金额没有要求。

土司解读：一分钱也给你算利息。

（九）结算宝规定的企业操作要求有哪些

官方解释：有多个账号者，只有主账号才能在操作平台查看收益；若一家公司有多个主账号，只有可以结算的主账号才能在操作平台查看收益。

土司解读：子账号是不能看、不能操作收益的。

以上是关于阿里巴巴结算宝的基本规则，接下来，我来分析下结算宝的厉害之处。

二、结算宝对我们有没有好处

（一）结算宝对卖家有没有好处

土司解读：当然有。以前一达通里的余额是一分钱利息都没有的，这点它连银行都不如。现在有了，而且比银行利息高很多。可以让大家多一点收益。

（二）结算宝对谁有坏处

土司解读：首先是银行，钱放银行不如放一达通账号里利息多。其次是代理进出口公司，因为钱放进出口代理公司也是没利息的，而且还要交代理费。

（三）结算宝的战略意图是什么

土司解读：

（1）让更多资金积聚在阿里巴巴账户中；

（2）让资金可以更长时间积聚在阿里巴巴账户中；

（3）提高一达通和信保吸引力，吸引更多企业加入使用；

（4）构建和完善阿里巴巴外贸生态圈，信保和一达通是阿里巴巴构建外贸生态圈的重中之重，只有越来越多的企业使用信保和一达通出口，信用交易体系、大数据体系和金融体系才能构建起来，看看"支付宝+招财宝+余额宝+蚂蚁金服"你就能明白了。

其实还有一个地方，很多人都没注意到，你看到支付宝进入企业对企业支付和理财领域吗？没有。但是，结算宝进入了，这就是阿里巴巴自己构建的生态体系。

Part 11 锁定汇率的利器——锁汇宝

锁定汇率这种操作方式用得不多，一般是做大宗商品，或者货值比较大的生意时才会用到。

为什么要锁定汇率？说白了就是为了降低汇率波动风险。怎么降低呢？打个最直接的比喻，就是付手续费给第三方，让第三方把风险承担去。

现在一般锁定汇率的主要方法有下面这几种，当然其他方法还有很多，这里先列主要的几个。

（1）外汇远期交易。

（2）人民币外汇期权。

（3）区间外汇。

（4）阿里巴巴锁汇宝。

前面3种估计很多人也有所了解，这里要讲讲的是阿里巴巴刚刚推出的"锁汇宝"。

一、锁汇宝到底是什么

阿里巴巴为它起名为"锁汇宝"，看字面意思，就是锁定汇率的宝贝，实际意思就是远期外汇套期保值。

这个其实不难理解，假如现在的美元汇率是1美元换6.60元人民币，你和一客户签了个8万美元的订单，三个月后付款，报价按当下汇率计算（也就是6.60）。报完价你担心三个月后汇率掉到5.8或者5.5，那怎么办？

如果发生这种情况在汇率上我们要损失人民币好几万元呢。现在生意本来就不好做，利润那么薄，如果汇率上再亏一笔，那就等于白干了，说不定还要亏血本。

所以，为了保证收益，选择远期外汇套期保值服务就有必要了。你锁定汇率，三个月后，不管汇率是多少，提供服务方都要按照6.60的汇率给你结算美元。当然，还有一种情况，那就是汇率贬值了，比如到了7.20，那不好意思，人家也还是只能按6.60给你结算。

锁汇宝，就是阿里巴巴一达通下面做的一种远期外汇套期保值工具。对于出口商的好处是：（1）在利润微薄的情况下，可以保证最后的利润不被汇率变化影响；（2）方便为未来订单计算有竞争力的稳定报价，给客户报价的时候，有底气；（3）如果我们用了阿里巴巴的信融保或赊销保，还可以避免融资成本的增加。

二、锁汇宝的基本内容

一般的远期外汇套期保值通过银行或者委托机构，与银行约定在一段时间内或者指定时间，结汇（拿着外币换人民币）或者售汇（拿人民币买外币）的币种、金额、汇率。举个例子，3个月后的某一天，你需要结汇10万美元，汇率约定为6.6，时间到了，直接结汇就可以，不需要管实时的汇率是多少。

锁汇宝，实际操作起来和上述方法差不多。我们委托一达通与银行约定未来结汇或售汇的外汇币种、金额、汇率以及交割日期，提前锁定结汇汇率，到约定交割日当天，根据约定的汇率向银行办理结汇或售汇。不过现在，锁汇宝只提供两种外币服务，分别是美元和欧元。

另外，锁汇宝对于金额也是有要求的。美元至少要大于1万美元以上，单笔不超过200万美元。欧元最低1万欧元起，单笔最高不得超过150万欧元，见表4-1。如果我们要买更多，分拆多笔进行也是可以的。

表4-1

币种	合约金额限制
美元	10000.00＜合约金额＜2000000.00
欧元	10000.00＜合约金额＜1500000.00

三、锁汇宝的保证金计算方法

和普通的外汇套期保值一样,买锁汇宝,也要支付一定的保证金。所以我们要确保自己的一达通账户余额足够支付这笔保证金,如果不够,要补足差额才行。这个保证金是怎么计算的,我们来看一下。

应缴保证金金额 = 委托交易金额 × 远期外汇合约汇率 × 单笔风险系数。

美元单笔风险系数,见表4-2。

表4-2

币种	合约总长度(期限+择期)	风险系数
美元	1—3月	2%
美元	4—6月	3%
美元	7—12月	4%

欧元单笔风险系数:

$10\% \times \sqrt{[(交割截止日 - 购买日期) / 360]}$

我们不知道怎么计算也没关系,进入一达通后台,直接输入金额,它会自动跳出来应缴保证金金额,如图4-17所示。

```
合约明细:   币种   USD
           套餐   SW
           保值时段 2016-09-02 ~ 2016-11-02
           汇率   6.6444

*合约金额: 100000

需缴纳保证金金额:13288.8  计算
        一达通账户自由资金余额 CNY ■■■  查看

□ 同意保证金从账户自由资金扣除
```

图4-17

目前,交割期都是2个月,也就是我们在指定的2个月时间内的任何一天,都可以按照约定汇率进行结汇。

四、怎么操作锁汇宝

我们可以看阿里巴巴后台（My Alibaba > 一达通 > 资金管理 > 外汇查询 > 锁汇宝），锁汇宝的项目有很多，每个项目的报价，也是随时在变化的，见图 4-18。

报价时间	报价币种	套餐	交割起始日	交割截止日	汇率	操作
2016-08-24 16:06:45	USD	9天	2016-09-02 2个月	2016-11-02	6.6422	购买
2016-08-24 16:06:45	USD	22天	2016-09-19	2016-11-21	6.6476	购买
2016-08-24 16:06:45	USD	1个月	2016-09-26	2016-11-28	6.6513	购买
2016-08-24 16:06:45	USD	2个月	2016-10-26	2016-12-26	6.6577	购买
2016-08-24 16:06:45	USD	3个月	2016-11-28 2个月	2017-01-30	6.6655	购买
2016-08-24 16:16:33	EUR	7个月	2017-03-27 2个月	2017-05-29	7.6147	购买
2016-08-24 16:16:33	EUR	8个月	2017-04-26	2017-06-26	7.6329	购买
2016-08-24 16:16:33	EUR	9个月	2017-05-26	2017-07-26	7.65	购买
2016-08-24 16:16:33	EUR	10个月	2017-06-26	2017-08-28	7.6654	购买

图 4-18

我们看到，除了报价时间、币种、交割起始日和截止日、汇率以外还有个套餐。套餐的意思就是如果我们今天购买，距离到期日（即交割起始日）还有几天。毫无疑问，套餐时间越长，汇率的走势不确定性就越大。所以，约定的汇率也会随着时间变长而提高。所谓风险越高，收益越大，放在哪里都是通用的。

举个例子，你已经确定了一个大订单，3 个月后有一笔 10 万美元到账，点击购买 3 个月的锁汇宝，美元汇率是 6.6655，金额是 10 万美元。然后按照后台计算的保证金金额，确保一达通余额足额，然后就可以购买成功了。那么 10 万美元在 3 个月之内到账，我们就能按照约定的汇率结汇了。

这里大家要注意，如果到账日期不在交割期限内，或者金额没有达到 10 万美元，都不能按照约定汇率结汇，只能按照即期汇率结汇。而且前面我们说到购买锁汇宝的时候要冻结保证金，如果到账金额没有达到合约金额，保证金就会被按比例扣取。所以,锁汇宝不是我们想买多少就可以买多少,必须量力而行,不要到时候本来是想降低外汇汇率风险保障利润的,反而又扣了不少保证金,划不来。

五、另外几个注意事项

(1) 现在只有在工作日(调休的周末工作日除外)可以购买锁汇保合约,交易时段是9:30—16:30。

(2) 购买锁汇宝,有一个基本要求,就是通过一达通出货,包括但不限于进出口通关、出口退税、外汇收结等。

(3) 如果合约交割到期了,我们还没去结汇,那一达通将自动按照锁定的远期汇率结汇。交割后存在剩余的,则按照即期汇率结汇。多个远期外汇合约并存的,到期日在前的合约优先交割;同一个到期日的,远期汇率较高的合约优先交割;到期日和汇率都相同的,待交割合约金额较小的合约优先交割。

Part 12　选对类目的 6 种方法和 7 个注意事项

一、选择类目的 6 种方法

类目不能选错,这不是小事。

阿里国际站里产品类目的选择选对了事半功倍,地基牢固;选错了不要说客户找不到我们,没有曝光、点击和询盘,估计连我们自己都找不到自己。

当然,如何选择类目也是有规律可循的,只要按这个规律去做,就不会发生类目放错的情况,我们一个一个点来解析。

(一) 知己,看看老产品类目放在哪儿

有时候你已经发布了一些产品,或者之前的业务员发布了一些产品,这个时候去查看原来产品的类目以帮助新产品选择类目是比较省心的事情。

查看自己已发布产品的类目:My Alibaba—管理产品,点击需要查看产品的最右边"编辑",或者"发布类似产品",第一行就是该产品所在的类目,见图4-19。

图4-19

(二) 参考系统推荐类目

不管是发新产品,还是发类似产品,如果我们刚开始接触这类产品,还是一定要到系统推荐里去核实类目的正确性。

点击 My Alibaba—管理产品—发布产品,进入系统推荐类目页面,输入"led light",系统跳出图4-20所示的选框。

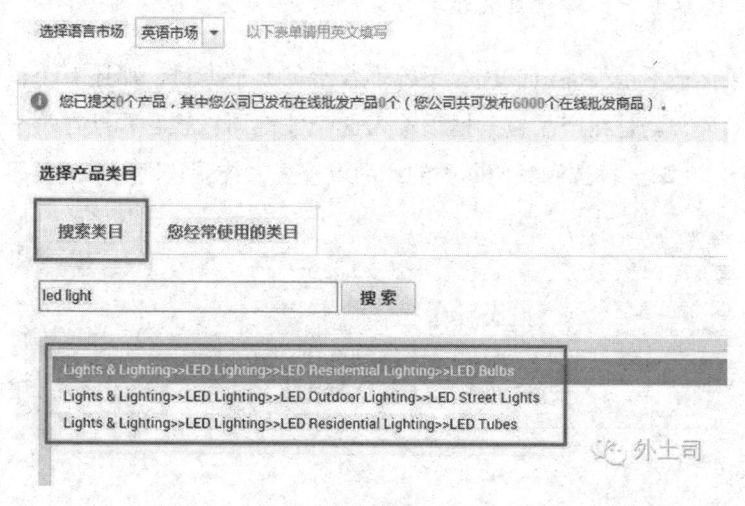

图4-20

在这里,关键词越精准,推荐类目的相关性越高。一般系统会自上而下根据精准度推荐类目,供你选择,你选择一个最中意的就好。

(三) 参考产品搜索框推荐类目

很多人不在意产品搜索框，其实放个关键词进去，系统就会告诉你这个关键词应该放在什么类目里。比如把"led light"放到产品搜索框里，你就会看到推荐的类目了，见图4-21，它自己会跳出来。

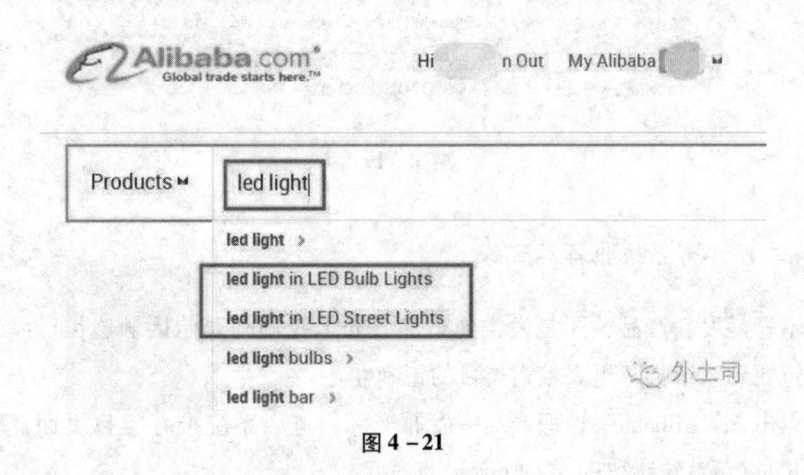

图 4-21

(四) 参考产品搜索页展示类目

如果你还不是很确定该选择系统推荐给你哪个类目，那还有个很简单的方法去验证，就是在产品搜索框里输入这个关键词，然后看排在第一页的产品，见图4-22。挑选和我们同类的产品点进去，查看它们所在的类目，见图

图 4-22

4-23，这些就是同行和竞争对手选择的类目。

同行都选这个类目，而且产品排名那么靠前，你还怕什么，选就好了。

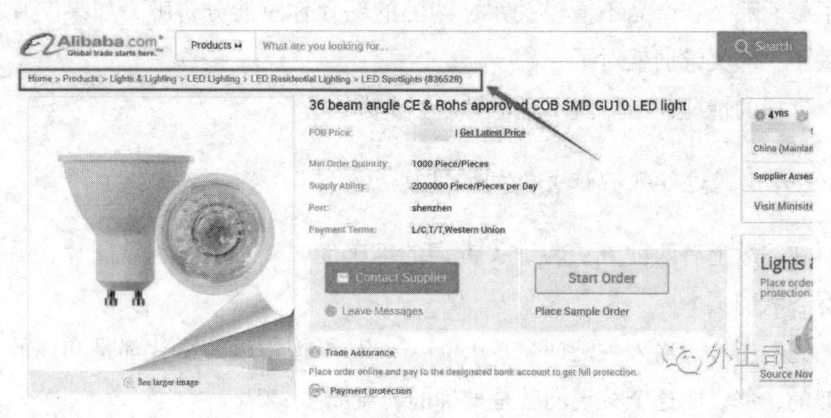

图 4-23

（五）参考产品搜索页侧面推荐类目

其实稍微注意下，你就可以看到产品搜索结果页左侧的类目推荐。推荐中的类目还有各类目总共发布的产品数量，见图 4-24，这个也可以给你很好的参考。如果点下"See more"，你还可以看到更多推荐类目。

图 4-24

其实通过以上5个维度去验证类目的准确性已经没什么问题了，可还是有很多人怕放错。也可能是这些人初期对产品不是很熟悉，对关键词也不是很了解。那么，产品不懂没关系，产品的图片你总能分辨吧，如果图片匹配一致了，那关键词就对了。

这样的情况，当然就不得不另出一个办法。

（六）通过谷歌验证关键词的准度

在谷歌上有两种方式验证关键词的准确度，一个是看谷歌图片，另一个是看谷歌网页。

先看图片，输入关键词"Led light"，如果搜索出的图片都是和你的产品类似的，那说明这个关键词就是准确的，见图4-25。

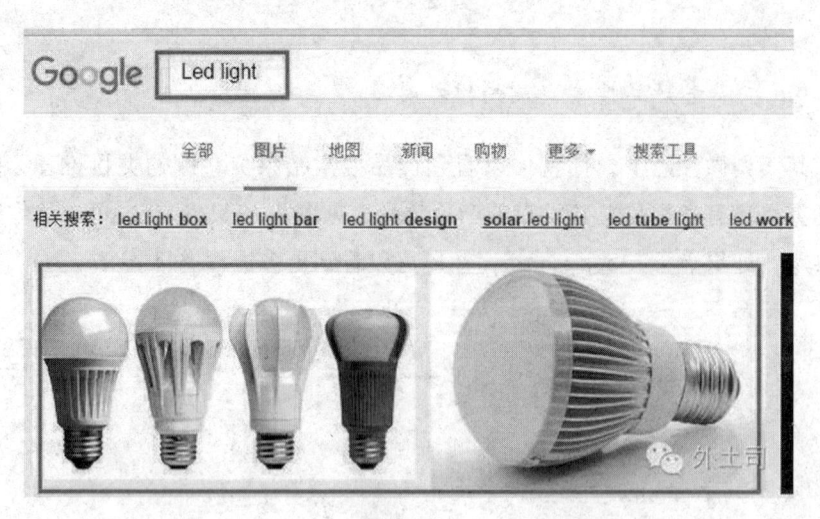

图4-25

还有就是看网页，如果推荐的网页也都是你所在行业的巨头企业的网页，那就更好了，见图4-26。谷歌搜索结果页排前面的大多是行业巨头。

二、选择类目的7个注意事项

（1）一般尽量不要把产品放在Others类目项下，阿里巴巴不保证买家可以找到你。

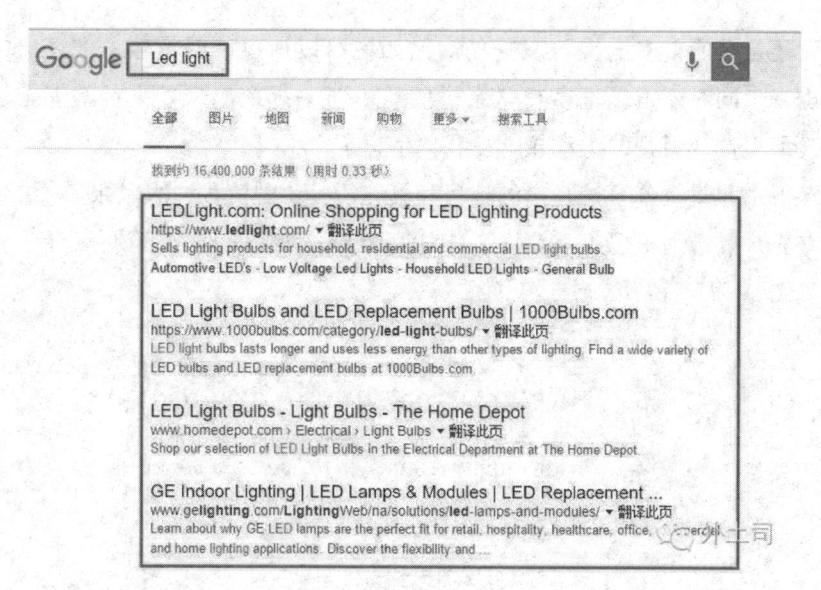

图 4-26

（2）系统推荐的类目如有好几个，还是要根据自己的实际产品选择最准确的那一个，不要只盯着第一个。

（3）如果系统推荐类目还是不符合你的要求，自己手动选择，反正验证方法大家都懂。

（4）即使选择的系统推荐类目和你的产品是不匹配的，也不用担心被系统归为"类目错放"，系统还是比较复杂的。

（5）同类产品尽量放同样类目下，当然，如果出于运营需要，也是可以把产品放在其他可选的类目下的，这个以后再讲。

（6）定期查看搜索诊断，点"My Alibaba—管理产品—搜索诊断—产品诊断优化"，看看有没有类目错放数据，有的话马上改。

（7）当然，如果你实在找不到合适的类目，可以反馈给阿里巴巴，系统会考虑给你设一个。

Part 13　阿里巴巴深挖客户大法

关于阿里巴巴很多人都说运营不好。其实，只要仔细研究研究，阿里巴巴运营还是有非常多的宝可以挖的。比如说可以通过一封询盘,把客户的底细挖出来,同时还可以把客户联系过的竞争对手都挖出来。一旦掌握了这些信息,那报价、谈判的主动权就在我们手里了。

接下来我直接分享挖客户的技巧和具体每一步的流程,大家跟紧了。

首先,登录阿里巴巴后台,"My Alibaba – 询盘页面",随便点开一封询盘,见图4-27。

图 4-27

(1)客户对这封询盘最后回复的时间是2016年4月17日,大家要记得这里只登记客户最后回复的时间。

(2)客户来自Venezuela(委内瑞拉)。

这里你可以对客户所在国家进行分析,按你的经验和公司产品定位判断这个国家是不是目标市场,你在这个市场有没有过成功交易的经验。如果有,那加分;如果没有,那继续往下看。

点进去进入具体询盘页面,先看页面左侧顶部的询盘内容,见图4-28。

图 4-28

(1)首先此处有客户的IP地址。IP地址有没有用,当然有用。我们在查IP的网站上一查就知道客户所在地信息是否真实。

(2)IP地址下面有一句话,"买家仅将此询价发给贵公司",这是好事,说明客户没群发询盘。

再往下看具体的询盘内容,见图4-29。

第四章 | 阿里巴巴运营那些事儿

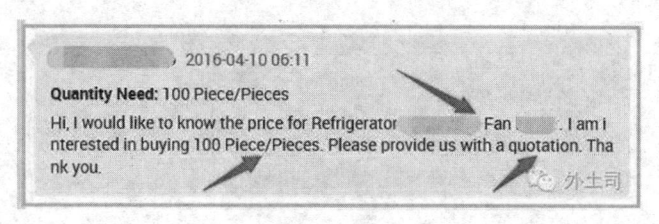

```
                    2016-04-10 06:11
Quantity Need: 100 Piece/Pieces
Hi, I would like to know the price for Refrigerator
                                              Fan          . I am i
nterested in buying 100 Piece/Pieces. Please provide us with a quotation. Tha
nk you.
                                                              外土司
```

图 4 – 29

（1）客户感兴趣的产品是"Refrigerator Fan（冰箱风扇）"。

（2）数量是 100 pcs。

（3）客户要报价。

从询盘内容看客户比较直接，询盘邮件中有产品，有关键词，要报价。如果关键词和数量都符合你的要求，那么这个询盘可以加分。

当然，分析到这里还是远远不够的。

再看询盘页面左侧，如图 4 – 30 所示，从上往下看。

```
90天行为数据
已是会员的客户         7
产品浏览次数         139
有效询价发出         19
垃圾询价           0

买家最近搜索
无                外土司
```

图 4 – 30

（1）发送询盘的人已是 7 个会员的客户，说明这个订单有人竞争。

（2）产品浏览次数不算很多，说明客户只选他感兴趣的产品进行浏览。

（3）有效询价发出了 19 份，也没有垃圾询盘，说明这个客户发送询盘的质量不错。

（4）买家最近搜索没有，说明客户可能存有供应商网页，采购时直接打开网页，无须搜索。

从这 90 天的行为数据可以看出，客户很活跃且很专业。

再看联系信息，见图 4 – 31。

（1）阿里巴巴现在把很多客户的邮箱地址都隐藏了。

（2）没电话、邮箱，地址还是有的。之前询盘分析文章里说过，有地址

155

电话: Hidden
邮箱: Hidden
传真: Hidden
手机: Hidden
国家/地区: Venezuela
城市: merida
地址: ...na del grupo godoy

图 4-31

就可以查出好多东西，公司性质、规模、市场容量等。

下一步看公司信息，见图 4-32。

Mr.

+ 添加为客户

公司信息

refrigeracion

图 4-32

这个页面分析到现在最有价值的地方在这里，此处的公司信息是可以点击的，点击进去我们就可以挖到第二层了。

点进去后我们看到一堆数据，见图 4-33。

Basic Information
Business Type: Retailer
Main Industry:
Registered: 5 years (on Alibaba.com)
Website:
About Us:

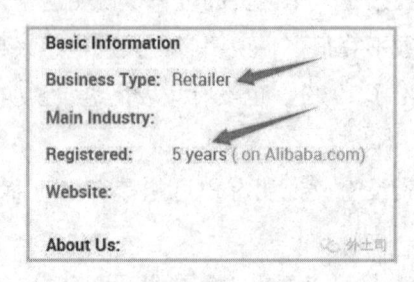

图 4-33

首先是公司的"Basic Information（基本信息）"。

很多客户填的信息很少，没关系，看他填了什么。

(1) 客户类型是"Retailer（零售商）"，看来单笔订单量不会很大。

(2) 已注册阿里巴巴 5 年，算半个中国通。

再看最近活动，Latest Activity，见图 4-34。

```
Latest Activity
Latest Sign In: 05-20-2016
Latest Inquiry: 04-28-2016
Latest Buying Request: 04-25-2016
```

图 4-34

(1) 客户 2016 年 5 月 20 日登录过，和询盘发送的时间间隔不长，说明客户挺活跃。

(2) 最近的一封询盘是 2016 年 4 月 28 日发的，说明后面他都没发过询盘。

(3) 客户最近的一封 RFQ 是在 2016 年 4 月 25 日发的。

从这里可以看出，客户询价集中在 2016 年 4 月中下旬，可能需求也都集中在每月月底。

再看最近拜访，Visitors（Last 30 days），见图 4-35。

这是一个非常有用的数据，如果你把它和后面的供应商数据结合会发现它简直威力无穷。

```
Visitors (Last 30 days)

Mr.
China (Mainland)
Main Products:
Electric Motor,

Mr.
China (Mainland)
Main Products:
Oil Separator, Suction
```

图 4-35

这里展示的是最近 30 天浏览客户这个页面的人的名字。

如果你把你的竞争对手信息都收集一遍的话，那就等于你知道谁来过客户页面，谁也收到这封询盘了。当然，你的竞争对手也会知道你的信息。

现在大家明白了吗。

咱们再往下看。

再看最近贸易更新，Trade Updates，其实这就是 RFQ 报价页面数据，见图 4-36。

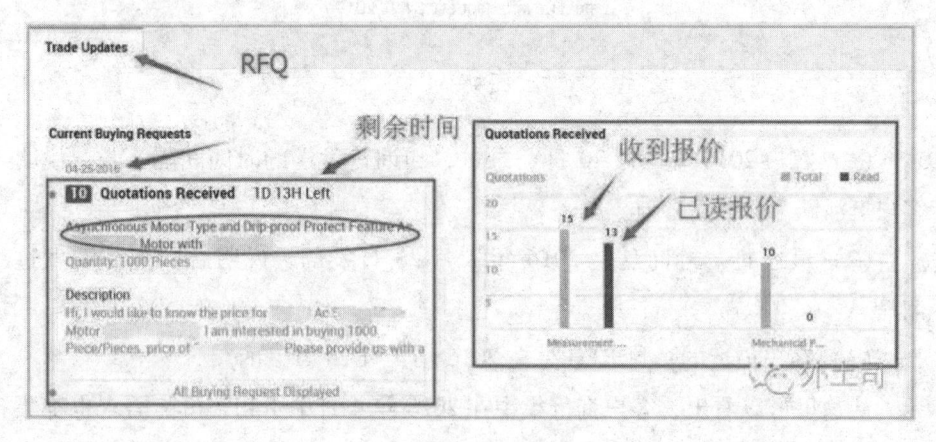

图 4-36

（1）RFQ 是 2016 年 4 月 25 日发出，和 Latest Activity 吻合。

（2）从 Quotation Received（已收到的报价）中你可以看出目前这个 RFQ 收到 10 条报价。

（3）1D 13H Left，报价截止时间还有 1 天 13 小时。

（4）下面是 RFQ 的链接，可以点击挖到第三层，等下我再说。

（5）再下面是 RFQ 邮件的具体内容，你可以看看卖家的需求是否符合自己要求。

（6）右侧的 15 和 13 是收到的总报价和已读的总报价，因为客户不仅仅发了 RFQ，还发了独立询盘，光这些询价量就挺吓人了。

（7）另外的 10 和 0 是收到的 RFQ 报价和已读报价。

从这个页面你就可以看出，竞争还是挺激烈的。当然，客户也是有实际需求的。

分析到这里，你基本可以得出结论。无论是报价还是提出付款条件，你都要谨慎。毕竟那么多人报了价，客户是零售商，采购的数量并不多，而且委内瑞拉当时处于经济和政治动荡中，交易风险也挺大。

挖了第二层还不过瘾，我们继续往下挖。

点图4-36中RFQ的链接，进去第三层。

由于RFQ版面已大幅变化，所以我换个新的RFQ，进入最新版面来挖一挖，见图4-37。

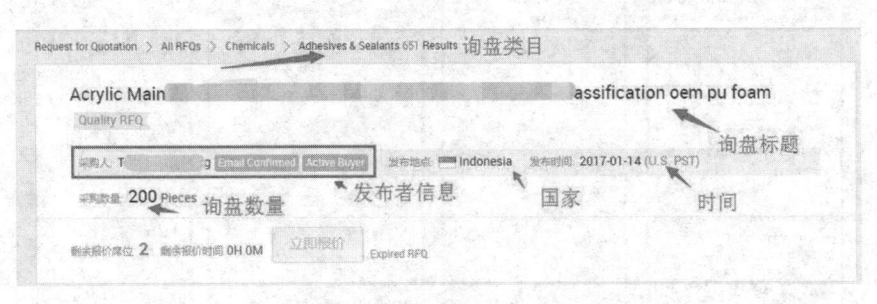

图4-37

页面最上面是RFQ发布的类目，这个类目也有助于你选择产品类目。

接下来是RFQ标题。注意那个"Quality RFQ"标志，它代表阿里巴巴系统也判定这个是不错的RFQ。有时候此标识后面还会出现"Urgent"字样，它说明客户的这个项目很紧急。

再下来页面左边是RFQ发布者的相关信息，例如发布者在哪个国家和发布时间，报价的剩余时间和有效报价余数。这里的"Active Buyer"是阿里巴巴系统给客户的评定，说明系统判定这个客户还是挺活跃的。

以上这些信息都可以从侧面让你来评估这个客户。

再往下看，就是图4-38所示的RFQ的正文内容。

图4-38

关于正文就和询盘内容一样，需要你去把握拿捏，这就把正文分析和询盘邮件的分析方法联系上了。在其他的文章里我已经非常详细地分析过，这里就不展开了。

现在我们看看页面最下面的报价记录，见图4-39。

公司	商业类型	地区	报价时间(U.S. PST)
S************	Manufacturer, Trading Company	China (Mainland), Shandong	01/02/2017 06:39
G************	Manufacturer	China (Mainland), Guangdong	24/01/2017 07:55
S************d	Trading Company	China (Mainland), Shanghai	22/01/2017 18:43
E************	Trading Company	China (Mainland), Jiangsu	16/01/2017 21:33
B************	Manufacturer, Trading Company	China (Mainland), Beijing	15/01/2017 18:23
G************	Manufacturer	China (Mainland), Guangdong	15/01/2017 18:05
S************	Manufacturer, Trading Company	China (Mainland), Guangdong	15/01/2017 17:11
S************	Manufacturer, Trading Company	China (Mainland), Shanghai	14/01/2017 20:40

图4-39

第一列是公司名称，只显示首字母。

第二列显示商业类型，即公司性质，它是贸易公司还是工厂。

第三列显示公司所在地区。

第四列显示报价时间。

有了这些数据，你能做什么？

我告诉你，你能把所有竞争对手挖出来。

其实说真的，要搜搜阿里巴巴上的竞争对手不难。阿里巴巴把所有公司首字母、性质和位置都公开了，你再结合挖到第二层时显示的浏览人的名字就可以对号入座了。

刚说了，你还要挖，挖到第四层。

马上回到RFQ主内容下面的买家信息板块，见图4-40。

首先是买家信息。这里的信息不多，但你可以知道客户是个男的，而且

图 4-40

邮箱也是验证过的，真实性有保证。

客户最后登录网站的时间 2017 年 2 月 26 日，回头一看不就是收到询盘的当天。

接着挖，再看买家行为数据，见图 4-41。

图 4-41

客户的登录天数、搜索次数、浏览产品数和有效询盘数在这里都会告诉你。0 代表他才注册网站没多久。

再来看 RFQ 数，客户发出过 4 个 RFQ，收到过 8 条报价，看了 6 条，这说明客户对收到的 RFQ 报价几乎都看。

大家发现没，这些数据比第一层里的买家数据要详细多了。

我们往下再接着看。

(1) 最近 48 小时买家偏好关键词。

图 4-42 所示的最近 48 小时买家偏好关键词里面一般会包括买家偏好的关键词，这个你可以参考。下面还会有买家最近浏览的产品，这可以直观地显示出客户在干什么，和你的产品是否相关。如果这里有浏览产品的记录，那么就会出现产品图片。虽然这些图片的链接不能点，但是，你只要把开头字母拿去一搜，就知道客户浏览了哪些竞争对手网站了。

(2) 所在行业。

客户所在行业可以告诉你他的主营业务什么。主营业务重要不重要？重要。如图 4-42 所示，在这里你可以看出客户采购的是什么，和他是零售商或者制造商的身份是不是吻合。你也可以看出他是否和你的产品对口。

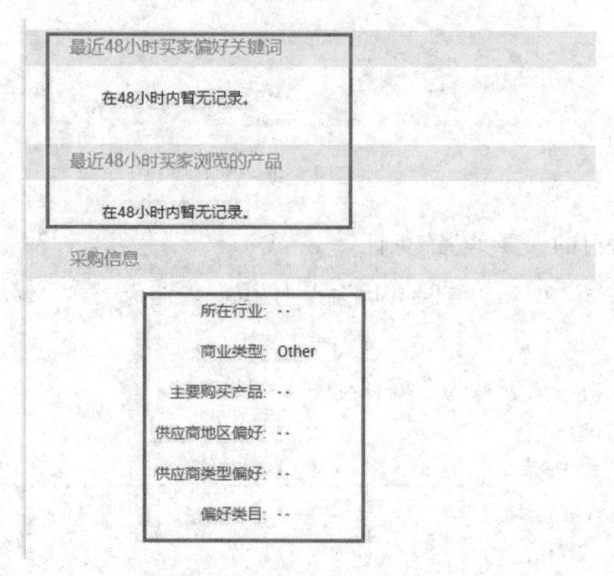

图 4–42

再往下看，又是一堆有用的数据。

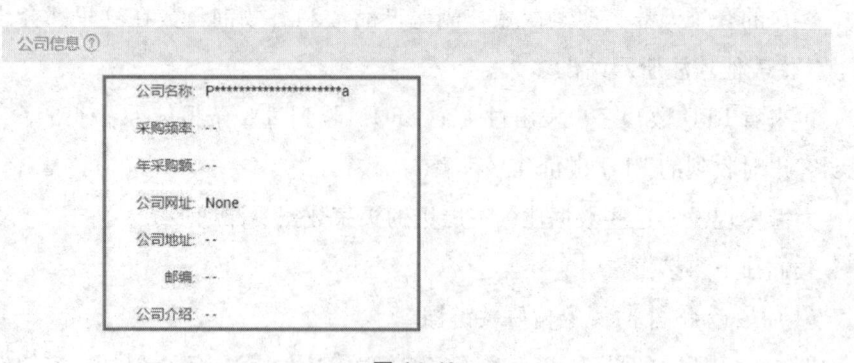

图 4–43

（1）年采购额重要吗？很重要啊。客户如果告诉你，他一年的采购额小于1万美元，你心里不就有底了。

（2）公司介绍。如果碰上仔细认真填写注册资料的客户，你能从这里非常完整地了解到客户。

挖到现在，虽然你还没和客户开始交流，也没上谷歌查询客户信息，但是仅仅通过阿里巴巴后台，客户的所有基本信息和商业情报便都挖到了。有了这些信息，你可以开始有针对性地回复客户的邮件或者报价了。

关于分析思路和技巧，分享一些心得。

即使没有直观的数据，通过一些小细节，小的蛛丝马迹，你也可以一点一点去勾画出整个轮廓来，就像拼图，一小块一小块地去揣摩去拼，到最后就会越来越清晰了。等到拼完了，你就知道这是不是你要的了。

Part 14　如何做一张能诱惑客户的图

人是视觉动物，这话一点不假。

在网络营销中一张主图可以吸引50%的点击率。如果遇上我这种"颜值控"，这个概念可以涨到70%、80%也不过分。

那么问题来了，怎么做出一张高颜值的主图来？下面分享我的思路和经验，我不是学设计出身，只从纯商业的角度分享。

大家先思考一个问题。这世上，有没有完美的主图？

一只天鹅站在天鹅群里，你能看得出它特别美吗？很难。如果把这只天鹅放到鸭群里，你能看出它特别美吗？显然可以。

一只鸭子站在鸭群里，你能看得出它丑吗？很难。如果把这只鸭子放到天鹅群里，你能看出它特别丑吗？当然可以。

所以，美是相对的，要有比较。但是，对站在鸭群里的天鹅和站在天鹅群里的鸭子来说，它都是成功的。因为它们都让人记住了它，无论美丑。

所以，设计一张主图，并不是要做最完美的那张，而是做比较醒目的那张就算成功了。

第一步，输入我们要推的这个产品的主关键词，看一看竞争对手们的主图是什么样的。

记得是大部分竞争对手的主图，而不是单独的几个。我们能比大部分同类产品的主图不同，就可以了。千万不要离主流太远，那就不是客户要的了。

举个实例。

2013年老家的邻居们卖土鸡蛋、野山茶油，卖不出去，这些产品都是特别好的东西，乡亲们都很着急。我有恋家情怀，受不了这个，于是我利用晚上的时间兼职做了个淘宝店铺。

首先推土鸡蛋，我上网一查，有无数的卖家，主图各种各样，竞争非常激烈，如果弄个差不多的图，想要从中脱颖而出很难。

想了两个晚上，我选了些图片素材，最后做了个图4-44所示的主图。

图4-44

图片是网上找的，我就是在右上角添加了个"抢"字。

为什么选择这张图片，因为我当时看到它的时候，大脑中有两个反应。

第一，有人想抢这只母鸡的蛋，母鸡很警觉，表情很可笑。我想连母鸡都护的蛋，肯定错不了。

第二，这些鸡蛋要抓紧抢，我不抢，就被别人抢光了，要抓紧买。

你第一眼看了是不是也是这个反应。

然后我们来对比下淘宝上其他卖鸡蛋的产品主图。

图4-45所示的几张图是我搜土鸡蛋排第一行的几张产品主图，相比之下，我的那张图是不是很不同？

其实当时我想的很简单，就是要和他们不一样，别人都添加那么多文字，我就简单一点。我也没有使用更多的构图技巧，结果发现效果很好。

再举个阿里巴巴国际站的例子。

输入"Electric Treadmill（跑步机）"这个关键词，我发现很多图4-46所示的主图。

图 4-45

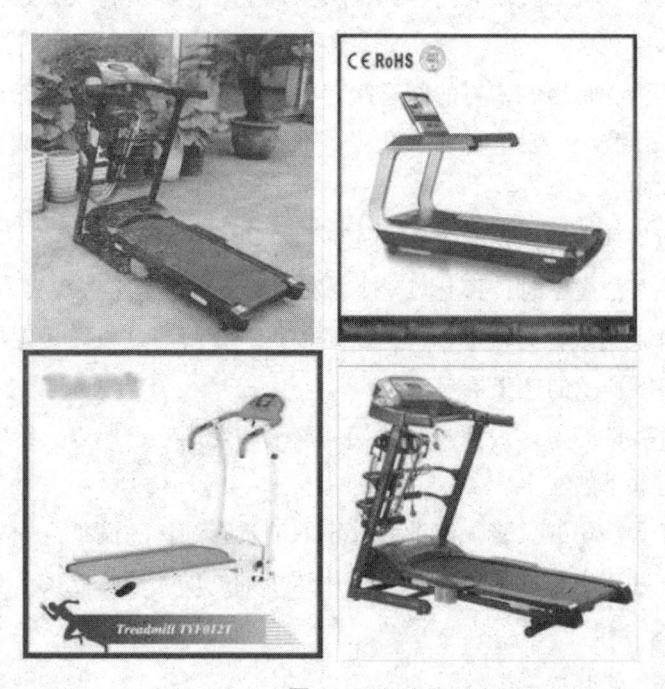

图 4-46

所有搜索结果中有一家的主图让我一下子就记住了,如图 4-47 所示。

图 4-47

同样卖跑步机,产品大同小异,从图片上看,你更喜欢哪家?反正我喜欢有人的这张。

你说因为我是男的,男的都喜欢美女。好吧,我承认,那怎么你不加个美女上去。照我说,女生也喜欢这张。谁不希望跑着跑着也跑成这么美,这么自信,对吧。

为了更好地理解,我再举个反向例子。

做野山茶油主图时,我上网一搜,发现竞争对手都是些有实力的大公司,主图做得都很精致、高端上档次。于是,我认为简洁这条路是走不通了,就做了图 4-48 所示的这张主图。

因为在我的老家这种油只给孕妇、孩子和老人吃,所以我给它配了孕妇的图,还有底下的文字。

区别于大公司的反复提炼油,农家的油贵在纯,一滴抵人家好几滴,所以,我在图片正中央放了"纯"字。用这个油炒的菜香,吃的人美,所以我又放了"香"和"美"。

纯香美,是我提炼出来的卖点。

然后,我们来看看淘宝现在的主图,见图 4-49,我的图片的差异体现出

图 4-48

图 4-49

来了吧。

　　用了这个图片后，我发现效果非常好，过节的时候野山茶油礼盒都卖脱销了。

　　所以，做一张能吸引客户的主图并不难，做的时候，掌握好以下几个规律：

　　大家的图都很高档，很简洁，我就做复杂一点。

　　大家的图都很俗套，很复杂，那我就做简洁一点。

　　实在不知道怎么做，就参照做得好的人的图片做。

总之，你的目的就是要让看的人觉得你有点不同，吸引他的注意力。

不同的东西曝光率才是最高的；曝光率高，点击量才有保证；点击高，询盘量才有保证，这就是我的经验。

Part 15　只要两步，阿里巴巴账号就会被盗走

前段时间，我在朋友圈里分享了有人的阿里巴巴账号被盗的信息。我相信很多人都遇到过这种情况而且有不少还上了当，造成了很严重的后果。为了防止很多还没遇到的人继续上当，今天特意讲一讲账号安全问题。

先来分享一个土友的真实故事，非常值得大家借鉴！

土友提问：

土司你好，我今天差点被钓鱼邮件给骗了。图4-50是我收到的邮

图4-50

件内容。

我收到这封邮件的时候 Trade Manager（阿里旺旺的国际版）没有提醒。我以为是阿里巴巴又出新的 RFQ 规则了。等我到了公司就打开了这个链接，然后出现的界面如图 4-51 所示。

图 4-51

看到这个页面我就觉得不对劲，平时哪有要求输邮箱密码的，只用输入阿里巴巴账号密码就可以了。结果我再仔细一看网址，发现这根本不是阿里巴巴的网址。然后，我又去看它的邮箱 feedback@ service......alibaba... <feedservice@ mail. aliba. com >，而正确的邮箱应该是 feedback @ service. alibaba. com. 这两个邮箱也太像了，幸好我发现了，没有被骗。多亏了你上次分享的某个土友差点被冒充阿里巴巴的钓鱼邮件给骗的案例，我才长了个心眼，谢谢你！

看完了这个故事，你有什么感觉，是不是觉得很惊险！

有人说，只有新手才会犯这种低级错误吧？那你就错了。有些小细节，老手比新手更容易犯错，我遇到的就有很多老手中招。

为什么呢？因为老手都追求工作效率，像这种看网址、看邮箱之类的芝麻小事根本不愿留意。账户一登，密码一输，直奔要事、大事而去。

老手都很自信。自信意味着什么？就是自大。自大会导致什么？就是粗心。粗心就很容易犯错，他不是不懂，而是不愿。有些新手就不会有这种问题因为新手刚开始做事，不熟练业务，又很怕出错，战战兢兢，做得比较慢，比较仔细一些，这个时候就更容易发现问题。但是很多新手不知道如何判断和解决问题。当然，也不排除既粗心又不懂业务的新手，那就是灾难了！

接下来，我们来看看阿里巴巴账号被盗会导致哪些严重后果。估计很多人看完，又要大吃一惊了。

第一个严重后果，客户信息被盗。

账户和密码骗子都知道了，那里面的客户信息也就全曝光了。

有些人的阿里巴巴后台只保留原始的询价邮件和客户信息，这个稍微好些；而有些人则是所有往来的邮件都在阿里巴巴后台回复，那曝光的信息量就更大了。

当然，这里不是说用阿里巴巴的后台回复邮件不好。你把任何邮箱的账户和密码告诉别人，那结果都是一样的。

客户信息别人都知道了，这能是好事吗？

第二个严重后果，邮箱被盗，货款被骗。

骗子一旦可以自由登录我们的阿里巴巴后台，接下来就可以做更加危险的事了，比如在邮件中植入木马。他既可以在我们给客户的邮件中植入木马，也可以在我们给自己转发的邮件中植入木马。客户一旦点击了邮件，电脑即刻中毒，接下来和我们联系的所谓客户可能就是骗子了。当然，他也可以发个木马邮件给我们点，让我们也同步中毒。

接下来的事我们都很了解了，骗子以你的名义让客户汇款到指定账户，你的货款就被骗了。

第三个严重后果，产品被删，网站被清空。

你要是遇到品行恶劣的骗子，他发现进入你的阿里巴巴后台后没什么油水可捞，作为报复，他会把你发布的所有产品信息删除掉。

目前为止，这种情况我只听说过一例。平台被清空，正常经营受阻，这也是非常大的损失。

除了上面三个严重后果外，还有很多潜在的风险。

比如骗子可以修改你的订单管理，没发货的给我们发掉；他还可以修改你的信用保障服务，配合中毒的电脑转款或提现；再者，他可以修改你的一达通综合服务、信用证、物流、金融等信息。

其实阿里巴巴平台对卖家来说，最值钱的是数据和金融信用，这些一旦被破坏，损失会很大，也更难弥补！

书目介绍

乐贸系列

书名	作者	定价	书号	出版时间
国家出版基金项目				
1. "一带一路"国家投资并购指南	冯斌 李洪亮 Gvantsa Dzneladze(格) Tamar Menteshashvili(格)	98.00元	978-7-5175-0422-1	2020年3月第1版
2. "质"造全球:消费品出口质量管控指南	SGS通标标准技术服务有限公司	80.00元	978-7-5175-0289-0	2018年9月第1版
跟着老外学外贸系列				
1. 优势成交:老外这样做销售(第二版)	Abdelhak Benkerroum(阿道)	58.00元	978-7-5175-0370-5	2019年10月第2版
外贸SOHO系列				
1. 外贸创业1.0——SOHO轻资产创业	毅冰	59.00元	978-7-5175-0490-0	2021年1月第1版
2. 外贸SOHO,你会做吗?	黄见华	30.00元	978-7-5175-0141-1	2016年7月第1版
跨境电商系列				
1. 直面危机:跨境电商创业	朱秋城(Mr. Harris)	59.00元	978-7-5175-0478-8	2021年2月第1版
2. 跨境电商全产业链时代:政策红利下迎机遇期	曹磊 张周平	55.00元	978-7-5175-0349-1	2019年5月第1版
3. 外贸社交媒体营销新思维:向无效社交说No	May(石少华)	55.00元	978-7-5175-0270-8	2018年6月第1版
4. 跨境电商多平台运营,你会做吗?	董振国 贾卓	48.00元	978-7-5175-0255-5	2018年1月第1版
5. 跨境电商3.0时代——把握外贸转型时代风口	朱秋城(Mr. Harris)	55.00元	978-7-5175-0140-4	2016年9月第1版
6. 118问玩转速卖通——跨境电商海外淘金全攻略	红鱼	38.00元	978-7-5175-0095-7	2016年1月第1版
外贸职场高手系列				
1. 外贸会计上班记(第二版)	谭天	55.00元	978-7-5175-0439-9	2020年7月第2版
2. 开发:在外贸客户发掘中出奇制胜	蔡译民(Chris)	55.00元	978-7-5175-0425-2	2020年6月第1版
3. MR. HUA创业手记(纪念版)——从0到1的"老华"创业思维	华超	69.00元	978-7-5175-0430-6	2020年6月第1版
4. 新人走进外贸圈 职业角色怎么选	黄涛	45.00元	978-7-5175-0387-3	2020年1月第1版
5. Ben教你做采购:金牌外贸业务员也要学	朱子赋(Ben)	58.00元	978-7-5175-0386-6	2020年1月第1版
6. 思维对了,订单就来:颠覆外贸底层逻辑	老A	58.00元	978-7-5175-0381-1	2020年1月第1版

书名	作者	定价	书号	出版时间
7. 从零开始学外贸	外贸人维尼	58.00 元	978-7-5175-0382-8	2019 年 10 月第 1 版
8. 小资本做大品牌:外贸企业品牌运营	黄仁华	58.00 元	978-7-5175-0372-9	2019 年 10 月第 1 版
9. 金牌外贸企业给新员工的内训课	Lily 主编	55.00 元	978-7-5175-0337-8	2019 年 3 月第 1 版
10. 逆境生存:JAC 写给外贸企业的转型战略	JAC	55.00 元	978-7-5175-0315-6	2018 年 11 月第 1 版
11. 外贸大牛的营与销	丹 牛	48.00 元	978-7-5175-0304-0	2018 年 10 月第 1 版
12. 向外土司学外贸 1:业务可以这样做	外土司	55.00 元	978-7-5175-0248-7	2018 年 2 月第 1 版
13. 向外土司学外贸 2:营销可以这样做	外土司	55.00 元	978-7-5175-0247-0	2018 年 2 月第 1 版
14. 阴阳鱼给外贸新人的必修课	阴阳鱼	45.00 元	978-7-5175-0230-2	2017 年 11 月第 1 版
15. JAC 写给外贸公司老板的企管书	JAC	45.00 元	978-7-5175-0225-8	2017 年 10 月第 1 版
16. 外贸大牛的术与道	丹 牛	38.00 元	978-7-5175-0163-3	2016 年 10 月第 1 版
17. JAC 外贸谈判手记——JAC 和他的外贸故事	JAC	45.00 元	978-7-5175-0136-7	2016 年 8 月第 1 版
18. Mr. Hua 创业手记——从 0 到 1 的"华式"创业思维	华 超	45.00 元	978-7-5175-0089-6	2015 年 11 月第 1 版
19. JAC 外贸工具书——JAC 和他的外贸故事	JAC	45.00 元	978-7-5175-0053-7	2015 年 7 月第 1 版
20. 外贸菜鸟成长记(0~3 岁)	何嘉美	35.00 元	978-7-5175-0070-4	2015 年 6 月第 1 版

外贸操作实务子系列

书名	作者	定价	书号	出版时间
1. 外贸高手客户成交技巧 3:差异生存法则	毅 冰	69.00 元	978-7-5175-0378-1	2019 年 9 月第 1 版
2. 外贸高手客户成交技巧 2——揭秘买手思维	毅 冰	55.00 元	978-7-5175-0232-6	2018 年 1 月第 1 版
3. 外贸业务经理人手册(第三版)	陈文培	48.00 元	978-7-5175-0200-5	2017 年 6 月第 3 版
4. 外贸全流程攻略——进出口经理跟单手记(第二版)	温伟雄(马克老温)	38.00 元	978-7-5175-0197-8	2017 年 4 月第 2 版
5. 金牌外贸业务员找客户(第三版)——跨境电商时代开发客户的 9 种方法	张劲松	40.00 元	978-7-5175-0098-8	2016 年 1 月第 3 版
6. 实用外贸技巧助你轻松拿订单(第二版)	王陶(波锅涅)	30.00 元	978-7-5175-0072-8	2015 年 7 月第 2 版
7. 出口营销实战(第三版)	黄泰山	45.00 元	978-7-80165-932-3	2013 年 1 月第 3 版
8. 外贸实务疑难解惑 220 例	张浩清	38.00 元	978-7-80165-853-1	2012 年 1 月第 1 版
9. 外贸高手客户成交技巧	毅 冰	35.00 元	978-7-80165-841-8	2012 年 1 月第 1 版
10. 报检七日通	徐荣才 朱瑾瑜	22.00 元	978-7-80165-715-2	2010 年 8 月第 1 版
11. 外贸实用工具手册	本书编委会	32.00 元	978-7-80165-558-5	2009 年 1 月第 1 版
12. 快乐外贸七讲	朱芷萱	22.00 元	978-7-80165-373-4	2009 年 1 月第 1 版
13. 外贸七日通(最新修订版)	黄海涛(深海鱿鱼)	22.00 元	978-7-80165-397-0	2008 年 8 月第 3 版

出口风险管理子系列

书名	作者	定价	书号	出版时间
1. 轻松应对出口法律风险	韩宝庆	39.80 元	978-7-80165-822-7	2011 年 9 月第 1 版

书名	作者	定价	书号	出版时间
2. 出口风险管理实务(第二版)	冯 斌	48.00元	978-7-80165-725-1	2010年4月第2版
3. 50种出口风险防范	王新华 陈丹凤	35.00元	978-7-80165-647-6	2009年8月第1版

外贸单证操作子系列

书名	作者	定价	书号	出版时间
1. 跟单信用证一本通(第二版)	何 源	48.00元	978-7-5175-0249-4	2018年9月第2版
2. 外贸单证经理的成长日记(第二版)	曹顺祥	40.00元	978-7-5175-0130-5	2016年6月第2版
3. 信用证审单有问有答280例	李一平 徐珺	37.00元	978-7-80165-761-9	2010年8月第1版
4. 外贸单证解惑280例	龚玉和 齐朝阳	38.00元	978-7-80165-638-4	2009年7月第1版
5. 信用证6小时教程	黄海涛(深海鱿鱼)	25.00元	978-7-80165-624-7	2009年4月第2版
6. 跟单高手教你做跟单	汪 德	32.00元	978-7-80165-623-0	2009年4月第1版

福步外贸高手子系列

书名	作者	定价	书号	出版时间
1. 外贸技巧与邮件实战(第二版)	刘 云	38.00元	978-7-5175-0221-0	2017年8月第2版
2. 外贸电邮营销实战——小小开发信 订单滚滚来(第二版)	薄如骢	45.00元	978-7-5175-0126-8	2016年5月第2版
3. 巧用外贸邮件拿订单	刘 裕	45.00元	978-7-80165-966-8	2013年8月第1版

国际物流操作子系列

书名	作者	定价	书号	出版时间
1. 货代高手教你做货代——优秀货代笔记(第二版)	何银星	33.00元	978-7-5175-0003-2	2014年2月第2版
2. 国际物流操作风险防范——技巧·案例分析	孙家庆	32.00元	978-7-80165-577-6	2009年4月第1版

通关实务子系列

书名	作者	定价	书号	出版时间
1. 外贸企业轻松应对海关估价	熊 斌 赖 芸 王卫宁	35.00元	978-7-80165-895-1	2012年9月第1版
2. 报关实务一本通(第二版)	苏州工业园区海关	35.00元	978-7-80165-889-0	2012年8月第2版
3. 如何通过原产地证尽享关税优惠	南京出入境检验检疫局	50.00元	978-7-80165-614-8	2009年4月第3版

彻底搞懂子系列

书名	作者	定价	书号	出版时间
1. 彻底搞懂信用证(第三版)	王腾 曹红波	55.00元	978-7-5175-0264-7	2018年5月第3版
2. 彻底搞懂关税(第二版)	孙金彦	43.00元	978-7-5175-0172-5	2017年1月第2版
3. 彻底搞懂提单(第二版)	张敏 张鹏飞	38.00元	978-7-5175-0164-0	2016年12月第2版
4. 彻底搞懂中国自由贸易区优惠	刘德标 祖月	34.00元	978-7-80165-762-6	2010年8月第1版
5. 彻底搞懂贸易术语	陈 岩	33.00元	978-7-80165-719-0	2010年2月第1版
6. 彻底搞懂海运航线	唐丽敏	25.00元	978-7-80165-644-5	2009年7月第1版

外贸英语实战子系列

书名	作者	定价	书号	出版时间
1. 十天搞定外贸函电(白金版)	毅 冰	69.00元	978-7-5175-0347-7	2019年4月第2版
2. 让外贸邮件说话——读懂客户心理的分析术	蔡泽民(Chris)	38.00元	978-7-5175-0167-1	2016年12月第1版

书名	作者	定价	书号	出版时间
3. 外贸高手的口语秘籍	李 凤	35.00元	978-7-80165-838-8	2012年2月第1版
4. 外贸英语函电实战	梁金水	25.00元	978-7-80165-705-3	2010年1月第1版
5. 外贸英语口语一本通	刘新法	29.00元	978-7-80165-537-0	2008年8月第1版

📖 **外贸谈判子系列**

书名	作者	定价	书号	出版时间
1. 外贸英语谈判实战（第二版）	王 慧 仲 颖	38.00元	978-7-5175-0111-4	2016年3月第2版
2. 外贸谈判策略与技巧	赵立民	26.00元	978-7-80165-645-2	2009年7月第1版

📖 **国际商务往来子系列**

书名	作者	定价	书号	出版时间
国际商务礼仪大讲堂	李嘉珊	26.00元	978-7-80165-640-7	2009年12月第1版

📖 **贸易展会子系列**

书名	作者	定价	书号	出版时间
外贸参展全攻略——如何有效参加B2B贸易商展（第三版）	钟景松	38.00元	978-7-5175-0076-6	2015年8月第3版

📖 **区域市场开发子系列**

书名	作者	定价	书号	出版时间
中东市场开发实战	刘 军 沈一强	28.00元	978-7-80165-650-6	2009年9月第1版

📖 **加工贸易操作子系列**

书名	作者	定价	书号	出版时间
1. 加工贸易实务操作与技巧	熊 斌	35.00元	978-7-80165-809-8	2011年4月第1版
2. 加工贸易达人速成——操作案例与技巧	陈秋霞	28.00元	978-7-80165-891-3	2012年7月第1版

📖 **乐税子系列**

书名	作者	定价	书号	出版时间
1. 外贸企业免退税实务——经验·技巧分享（第二版）	徐玉树 罗玉芳	55.00元	978-7-5175-0428-3	2020年5月第2版
2. 外贸会计账务处理实务——经验·技巧分享	徐玉树	38.00元	978-7-80165-958-3	2013年8月第1版
3. 生产企业免抵退税实务——经验·技巧分享(第二版)	徐玉树	42.00元	978-7-80165-936-1	2013年2月第2版
4. 外贸企业出口退（免）税常见错误解析100例	周朝勇	49.80元	978-7-80165-933-0	2013年2月第1版
5. 生产企业出口退（免）税常见错误解析115例	周朝勇	49.80元	978-7-80165-901-9	2013年1月第1版
6. 外汇核销指南	陈文培等	22.00元	978-7-80165-824-1	2011年8月第1版
7. 外贸企业出口退税操作手册	中国出口退税咨询网	42.00元	978-7-80165-818-0	2011年5月第1版
8. 生产企业免抵退税从入门到精通	中国出口退税咨询网	98.00元	978-7-80165-695-7	2010年1月第1版
9. 出口涉税会计实务精要（《外贸会计实务精要》第二版）	龙博客工作室	32.00元	978-7-80165-660-5	2009年9月第2版

书名	作者	定价	书号	出版时间

专业报告子系列

1. 国际工程风险管理	张燎	1980.00 元	978-7-80165-708-4	2010 年 1 月第 1 版
2. 涉外型企业海关事务风险管理报告	《涉外型企业海关事务风险管理报告》研究小组	1980.00 元	978-7-80165-666-7	2009 年 10 月第 1 版

外贸企业管理子系列

1. 外贸经理人的 MBA	毅冰	55.00 元	978-7-5175-0305-7	2018 年 10 月第 1 版
2. 小企业做大外贸的制胜法则——职业外贸经理人带队伍手记	胡伟锋	35.00 元	978-7-5175-0071-1	2015 年 7 月第 1 版
3. 小企业做大外贸的四项修炼	胡伟锋	26.00 元	978-7-80165-673-5	2010 年 1 月第 1 版

国际贸易金融子系列

1. 国际结算单证热点疑义相与析	天九湾贸易金融研究汇	55.00 元	978-7-5175-0292-0	2018 年 9 月第 1 版
2. 国际结算与贸易融资实务（第二版）	李华根	55.00 元	978-7-5175-0252-4	2018 年 3 月第 1 版
3. 信用证风险防范与纠纷处理技巧	李道金	45.00 元	978-7-5175-0079-7	2015 年 10 月第 1 版
4. 国际贸易金融服务全程通（第二版）	郭党怀 张丽君 张贝	43.00 元	978-7-80165-864-7	2012 年 1 月第 2 版
5. 国际结算与贸易融资实务	李华根	42.00 元	978-7-80165-847-0	2011 年 12 月第 1 版

毅冰谈外贸子系列

毅冰私房英语书——七天秀出外贸口语	毅冰	35.00 元	978-7-80165-965-1	2013 年 9 月第 1 版

"创新型"跨境电商实训教材

跨境电子商务概论与实践	冯晓宁	48.00 元	978-7-5175-0313-2	2019 年 1 月第 1 版

"实用型"报关与国际货运专业教材

1. 国际货运代理操作实务（第二版）	杨鹏强	48.00 元	978-7-5175-0364-4	2019 年 8 月第 2 版
2. 集装箱班轮运输与管理实务	林益松	48.00 元	978-7-5175-0339-2	2019 年 3 月第 1 版
3. 航空货运代理实务（第二版）	杨鹏强	55.00 元	978-7-5175-0336-1	2019 年 1 月第 2 版
4. 进出口商品归类实务（第三版）	林青	48.00 元	978-7-5175-0251-7	2018 年 3 月第 3 版
5. e 时代报关实务	王云	40.00 元	978-7-5175-0142-8	2016 年 6 月第 1 版
6. 供应链管理实务	张远昌	48.00 元	978-7-5175-0051-3	2015 年 4 月第 1 版

书名	作者	定价	书号	出版时间
7. 电子口岸实务(第二版)	林 青	35.00元	978-7-5175-0027-8	2014年6月第2版
8. 报检实务(第二版)	孔德民	38.00元	978-7-80165-999-6	2014年3月第2版
9. 现代关税实务(第二版)	李 齐	35.00元	978-7-80165-862-3	2012年1月第2版
10. 国际贸易单证实务(第二版)	丁行政	45.00元	978-7-80165-855-5	2012年1月第2版
11. 报关实务(第三版)	杨鹏强	45.00元	978-7-80165-825-8	2011年9月第3版
12. 海关概论(第二版)	王意家	36.00元	978-7-80165-805-0	2011年4月第2版

"精讲型"国际贸易核心课程教材

书名	作者	定价	书号	出版时间
1. 国际贸易实务精讲(第七版)	田运银	49.50元	978-7-5175-0260-9	2018年4月第7版
2. 国际货运代理实务精讲(第二版)	杨占林 汤 兴 官敏发	48.00元	978-7-5175-0147-3	2016年8月第2版
3. 海关法教程(第三版)	刘达芳	45.00元	978-7-5175-0113-8	2016年4月第3版
4. 国际电子商务实务精讲(第二版)	冯晓宁	45.00元	978-7-5175-0092-6	2016年3月第2版
5. 国际贸易单证精讲(第四版)	田运银	45.00元	978-7-5175-0058-2	2015年6月第4版
6. 国际贸易操作实训精讲(第二版)	田运银 胡少甫 史 理 朱东红	48.00元	978-7-5175-0052-0	2015年2月第2版
7. 进出口商品归类实务精讲	倪淑如 倪 波 田运银	48.00元	978-7-5175-0016-2	2014年7月第1版
8. 外贸单证实训精讲	龚玉和 齐朝阳	42.00元	978-7-80165-937-8	2013年4月第1版
9. 外贸英语函电实务精讲	傅龙海	42.00元	978-7-80165-935-4	2013年2月第1版
10. 国际结算实务精讲	庄乐梅 李 菁	49.80元	978-7-80165-929-3	2013年1月第1版
11. 报关实务精讲	孔德民	48.00元	978-7-80165-886-9	2012年6月第1版
12. 国际商务谈判实务精讲	王 慧 唐力忻	26.00元	978-7-80165-826-5	2011年9月第1版
13. 国际会展实务精讲	王重和	38.00元	978-7-80165-807-4	2011年5月第1版
14. 国际贸易实务疑难解答	田运银	20.00元	978-7-80165-718-3	2010年9月第1版

"实用型"国际贸易课程教材

书名	作者	定价	书号	出版时间
1. 进出口商品归类教程	李锐文 林坚弟	60.00元	978-7-5175-0518-1	2021年9月第1版
2. 外贸跟单实务(第二版)	罗 艳	48.00元	978-7-5175-0338-5	2019年1月第2版
3. 海关报关实务	倪淑如 倪 波	48.00元	978-7-5175-0150-3	2016年9月第1版
4. 国际金融实务	李 齐 唐晓林	48.00元	978-7-5175-0134-3	2016年6月第1版
5. 国际贸易实务	丁行政 罗 艳	48.00元	978-7-80165-962-0	2013年8月第1版

中小企业财会实务操作系列丛书

书名	作者	定价	书号	出版时间
1. 做顶尖成本会计应知应会150问(第二版)	张 胜	48.00元	978-7-5175-0275-3	2018年6月第2版
2. 小企业会计疑难解惑300例	刘 华 刘方周	39.80元	978-7-80165-845-6	2012年1月第1版
3. 会计实务操作一本通	吴虹雁	35.00元	978-7-80165-751-0	2010年8月第1版

2018 年中国海关出版社乐贸系列 新书重磅推荐 >>

《跨境电商多平台运营，你会做吗？》

作者：董振国　贾　卓
定价：48.00 元
出版日期：2018 年 1 月第 1 版
书号：978-7-5175-0255-5

内容简介

《跨境电商多平台运营，你会做吗？》是环球易贸公司董振国、贾卓联袂出版的跨境电商实操力作。全书传递了跨境电商创业必须多平台同时运营的理念，打破了传统单一平台操作的格局，给跨境电商人带来一股清流。本书有如下三个亮点：

1. 解读跨境电商四个主流平台亚马逊、速卖通、WISH、LAZADA 的特色，鼓励多平台整合运营，为跨境电商创业做好筹划；

2. 分享越域网、海麦宝、店小秘、无忧店长、海鹰数据等实用高效的跨境电商选品、运营工具让你的跨境电商实操事半功倍；

3. 传递创品牌、自建站的电商终极发展思路，提出创意选品、创意营销的新方法，不走寻常路。